O Tribunal de Contas da União e a Indústria do Petróleo

CB126155

O Tribunal de Contas da União e a Indústria do Petróleo

2021

Ludimila Santos Derbli

ALMEDINA

O TRIBUNAL DE CONTAS DA UNIÃO E A INDÚSTRIA DO PETRÓLEO
© Almedina, 2021
AUTORA: Ludimila Santos Derbli

DIRETOR ALMEDINA BRASIL: Rodrigo Mentz
Editora Jurídica: Manuella Santos de Castro
EDITOR DE DESENVOLVIMENTO: Aurélio Cesar Nogueira
ASSISTENTES EDITORIAIS: Isabela Leite e Larissa Nogueira

DIAGRAMAÇÃO: Almedina
DESIGN DE CAPA: Roberta Bassanetto

ISBN: 9786556273266
Outubro, 2021

Dados Internacionais de Catalogação na Publicação (CIP)
(Câmara Brasileira do Livro, SP, Brasil)

Derbli, Ludimila Santos
O tribunal de contas da união e a indústria do
petróleo / Ludimila Santos Derbli. – 1. ed. –
São Paulo: Almedina, 2021.

Bibliografia
ISBN 978-65-5627-326-6

1. Brasil. Tribunal de Contas da União
2. Gás - Indústria 3. Petróleo - Indústria e
comércio I. Título.

21-73290 CDD-338.27280981

Índices para catálogo sistemático:

1. Brasil : Petróleo e gás : Industrialização : Economia 338.27280981

Aline Graziele Benitez - Bibliotecária - CRB-1/3129

Este livro segue as regras do novo Acordo Ortográfico da Língua Portuguesa (1990).

Todos os direitos reservados. Nenhuma parte deste livro, protegido por copyright, pode ser reproduzida, armazenada ou transmitida de alguma forma ou por algum meio, seja eletrônico ou mecânico, inclusive fotocópia, gravação ou qualquer sistema de armazenagem de informações, sem a permissão expressa e por escrito da editora.

EDITORA: Almedina Brasil
Rua José Maria Lisboa, 860, Conj.131 e 132, Jardim Paulista | 01423-001 São Paulo | Brasil
editora@almedina.com.br
www.almedina.com.br

The roles that regulators perform are vital to society, but the work they do is hard work. Just regulating well is demanding and difficult. Achieving excellence requires more. It requires full, consistent, and superlative mastery of all the technical, analytic, and social tasks involved in the enterprise of regulating. (...) Regulatory excellence requires listening attentively to changing public concerns. It requires constantly learning on the job. It also requires boldness and visionary leadership. (...) The world changes, its problems change (...) In such a world, regulatory excellence demands forward momentum. It is not a static achievement. (Cary Coglianese)

Aos meus pais e aos meus grandes amores: Daniel e Marina, que foram pacientes (às vezes nem tanto) nesses últimos dois anos em que não pude estar tão disponível para aproveitar intensamente a companhia de cada um de vocês; e Felipe, que me motiva e me inspira todos os dias, como parceiro, pai e profissional, não poderia ter cumprido essa jornada sem você ao meu lado me apoiando, me incentivando e, como não poderia deixar de ser, tendo a generosidade de compartilhar comigo não apenas o seu conhecimento, mas de trocar experiências sobre qualquer assunto, desde o futebol até o direito da regulação. Vocês me tornam uma pessoa melhor a cada dia.

PREFÁCIO

O controle da administração pública no Brasil vinha merecendo um choque de realidade. Até recentemente, a área estava dominada por construções teóricas românticas e pela idealização da atividade de controle, e dos próprios controladores. A ingênua ideia prevalecente era a de que "quanto mais controle, melhor": mais protegidos estariam os cidadãos e mais eficiente seria a administração pública. Os resultados estão aí para quem quiser ver: controladores agigantados, que extrapolam suas funções e assumem aquelas da administração pública; gestores acuados, submissos, infantilizados, com medo de decidir ou assinar qualquer coisa que fuja do meramente protocolar.

Felizmente já se percebe uma reação na doutrina. Uma primeira leva de autores corajosos começa a denunciar os custos, os riscos, as imperfeições, e sobretudo a *realidade* do controle. O passo é essencial para uma discussão madura sobre os limites e as formas de controle desejadas pela sociedade brasileira.

O belo livro que o leitor tem em mãos é um exemplo deste movimento de reação. Resultado de dissertação de mestrado brilhantemente defendida pela autora no programa de pós-graduação da FGV Direito Rio, sob a minha orientação, o trabalho procura desvelar o controle realizado pelo Tribunal de Contas da União (TCU) sobre a Agência Nacional do Petróleo, Gás Natural e Biocombustíveis (ANP), desde a sua criação, até os dias atuais.

Autora com larga experiência no setor objeto do estudo, Ludimila Derbli empreende análise empírica quantitativa e qualitativa dos acórdãos do TCU que versam sobre os processos de desestatização, para acompanhamento das minutas de editais e contratos elaborados pela ANP nas licitações para oferta pública de blocos exploratórios e estratégicos, e sobre os relatórios de auditoria operacional envolvendo o controle do desempenho da atuação da ANP. Seu objetivo é duplo e explícito: verificar (i) se o Tribunal vem ampliando a sua intervenção ao longo do tempo e (ii) se já vem atuando como uma espécie de entidade suprarreguladora do setor.

Em relação à primeira destas investigações, Ludimila faz prova de maturidade acadêmica e honestidade intelectual, nos informando que a hipótese não se confirmou: a sua pesquisa sugere que, ao invés de ampliar progressivamente a sua intervenção sobre a ANP, o TCU parece ir reduzindo a intensidade do seu controle ao longo do tempo. O achado vai na linha de manifestações oficiais do próprio Tribunal, segundo a qual a sua intervenção variaria em função do grau de maturidade das agências reguladoras sob controle.

No tocante à segunda investigação, a autora aponta indícios de confirmação da hipótese: o TCU vem de fato atuando como entidade suprarreguladora do setor, papel que jamais lhe foi atribuído pelo direito e que parece ter sido autoconcedido. A este propósito, dois achados empíricos da autora são particularmente relevantes. Em primeiro lugar, seus dados sugerem que, para atuar como suprarregulador, o TCU abusa do "controle de motivação" das escolhas do regulador, nunca crendo suficientemente motivadas as escolhas das quais discorda. Em segundo lugar, a autora observa que, na prática, há pouca diferença entre "recomendações" ou "determinações" emitidas pelo Tribunal – ambas terminam sendo cumpridas pelos reguladores, receosos de sanções futuras.

A contribuição que Ludimila aporta à literatura é significativa, além de vir expressa em linguagem clara, elegante e agradável. O trabalho deverá interessar igualmente a estudiosos do controle e a práticos do setor de petróleo e gás, que haverão de reconhecer os méritos de uma acadêmica de mão cheia, que tive a sorte de orientar.

São Paulo, 9 de julho de 2021.

EDUARDO JORDÃO
Professor da FGV Direito Rio

LISTA DE ILUSTRAÇÕES

SUMÁRIO

1.
Introdução

Os trabalhos mais recentes que estudam o controle do Tribunal de Contas da União sobre as agências reguladoras são voltados, em sua grande maioria, para a área de infraestrutura. Esta pesquisa cuida do controle externo realizado no setor de petróleo e gás natural e, mais precisamente, na atuação de sua agência reguladora, a ANP. Trata-se de um setor estratégico da economia nacional e extremamente árido, dado o emprego usual de terminologias técnicas baseadas em práticas internacionais e, muitas vezes, de difícil compreensão por profissionais não familiarizados com geologia, geofísica ou engenharia.

O objetivo deste trabalho é analisar a atuação do Tribunal de Contas da União (TCU) em relação às questões regulatórias referentes às atividades de exploração e produção de petróleo e gás natural, desde a criação da Agência Nacional de Petróleo, Gás Natural e Biocombustíveis (ANP) até o período atual.

O estudo busca responder a seguinte pergunta de pesquisa: as decisões do TCU interferem nas escolhas regulatórias da ANP? Para analisar se a Corte de Contas interfere nas decisões da agência, adotam-se três linhas de investigação: (i) realização de análise de casos concretos, com o levantamento de acórdãos do Tribunal de Contas versando sobre os processos de desestatização, para acompanhamento das minutas de editais e de contratos elaborados pela ANP nas licitações para oferta pública de blocos exploratórios e estratégicos (estes a partir de 2010, com a inauguração do marco regulatório do pré-sal) e sobre os relatórios de auditoria operacional envolvendo o controle do desempenho da atuação da ANP; (ii) avaliação, a partir da análise dos citados acórdãos, se a interferência se acentua gradativamente ao longo do tempo, pela comparação entre os tipos de decisões proferidas pelo TCU desde o tempo da instituição da agência até os dias atuais; e, por fim, (iii) examina-se se o TCU pode ser considerado na indústria do petróleo como uma superagência reguladora em formação ou, se esta hipótese não se confirmar, se há indícios do fortalecimento de sua atuação neste setor específico como uma instituição de caráter metarregulador.

O trabalho será dividido em três capítulos:

No primeiro capítulo, apresentam-se as principais características das decisões ou escolhas regulatórias realizadas pela ANP. Para tanto, será necessário operacionalizar o conceito de escolha regulatória, apontar como é realizado o processo de tomada de decisão da agência reguladora e detalhar os critérios adotados na pesquisa, para que se definam os casos em que se entende que a decisão da Corte de Contas pode exercer uma interferência regulatória e, consequentemente, substituir as escolhas regulatórias da agência.

A princípio, apresenta-se uma breve análise da regulação de atividades petrolíferas, levando-se em consideração a complexidade do setor, não somente em seu aspecto técnico, mas, sobretudo, no tocante ao arcabouço normativo e regulatório que rege as atividades de exploração e produção (ou atividades de E&P), cujo conteúdo é de baixa densidade – suas normas não são de simples aferição, de aplicação subsuntiva e automática, o que demanda um maior esforço do tomador de decisão no ato de exercer suas escolhas.

Uma vez definido o conceito de escolha regulatória e reconhecida, dentre outros aspectos, a complexidade técnica como requisito presente na sua tomada de decisão, identificam-se os tipos de avaliação realizados pela agência reguladora nesse processo, a fim de se certificar se o órgão de controle, ao fiscalizar as decisões da ANP no processo licitatório para a outorga dos direitos de exercício de atividades de exploração e produção de petróleo e gás natural, interfere nas escolhas regulatórias da agência.

Em seguida, realiza-se breve análise do processo de tomada de decisão da ANP. A partir da delimitação das escolhas técnico-subjetivas ou tecnicamente complexas realizadas pela ANP, entende-se possível aferir os tipos de escolhas regulatórias que, uma vez submetidas ao controle do TCU, não seriam passíveis de ser substituídas por decisão desta instituição, sob pena de restar caracterizada a interferência do Tribunal de Contas nas escolhas do regulador.

O passo seguinte se volta à apresentação dos critérios adotados na pesquisa para aferir a dinâmica do controle, definindo-se quais seriam o objeto, os parâmetros e os produtos da fiscalização do TCU. Dentro dessa dinâmica, destaca-se o tipo de controle exercido pelo TCU sobre as agências reguladoras, que se convencionou chamar, na jurisprudência da Corte, de fiscalização de segunda ordem. Além disto, apresentam-se os fundamentos que demonstram a autonomia constitucional da Corte de Contas, as críticas e os possíveis limites a sua atuação para, posteriormente, apontar os procedimentos seguidos pelo TCU e pela ANP nos processos de desestatização das agências reguladoras.

No 2º capítulo do trabalho, a fim de aferir se as decisões do TCU interferem nas escolhas regulatórias da agência e se essa intervenção se acentua ao longo do tempo, realiza-se análise de casos concretos, a partir do levantamento de acórdãos versando sobre os processos de acompanhamento de licitações e sobre os relatórios de auditoria envolvendo a Agência Nacional de Petróleo, Gás Natural e Biocombustíveis (ANP).

No terceiro capítulo, faz-se a última abordagem da pesquisa, ao examinar se o TCU pode ser considerado, na indústria do petróleo, uma superagência reguladora em formação. Com esse propósito, utilizam-se os dados obtidos na análise dos casos concretos envolvendo exclusivamente as decisões proferidas nos relatórios de auditoria operacional pelo Tribunal de Contas, entendendo-se que o exercício de um controle de *performance* da atividade administrativa e, sobretudo da atividade regulatória, se aproxima mais do modelo de supervisão e coordenação realizado na esfera internacional.

Ao final, caso a análise não confirme a existência da hipótese suscitada acima, pretende-se apontar se há indícios do fortalecimento da atuação do TCU neste setor específico como uma instituição de caráter metarregulador.

2.
As Principais Características das Escolhas Regulatórias Realizadas pela ANP

2.1. Breves considerações sobre a regulação da atividade petrolífera

A metodologia a ser aplicada neste capítulo consiste em (a) operacionalizar o conceito de escolha regulatória; (b) identificar quais os tipos de avaliação feitos pela agência reguladora no ato da escolha regulatória; e (c) detalhar os critérios adotados para se definir os casos em que se entende que a decisão da Corte de Contas exerce essa intervenção e, consequentemente, substitui as escolhas regulatórias da agência.

A princípio, convém tecer breves considerações sobre a regulação de atividades petrolíferas. Por se tratar de um setor extremamente complexo, as normas regulatórias não são de simples aferição, de aplicação subsuntiva e automática. De fato, o arcabouço regulatório e a legislação específica do setor envolvem conteúdo de baixa densidade normativa, o que exige um esforço argumentativo não apenas do intérprete da norma em um primeiro momento, como também do tomador de decisão no exercício da escolha regulatória, voltada para a realização de uma decisão de qualidade.

Antes de adentrar propriamente na regulação do setor, é relevante que se apresente, ainda que de forma sintética, o fundamento constitucional para o exercício da atividade petrolífera que, até 1995, era considerado monopólio da União.

Sob a égide da Constituição de 1946, foi promulgada a Lei Federal nº 2.004/53 que estabelecia que a União detinha a exclusividade na exploração das atividades petrolíferas e conferia tratamento diferenciado entre o petróleo e os demais recursos minerais, pela natureza excepcional daquele ativo e sua relevância econômico-política para a União.

O monopólio estatal conferido pela lei é recepcionado e convalidado pelas Constituições seguintes, adquirindo *status* constitucional com o advento da Constituição de 1967[1].

A Constituição da República de 1988 se preocupou em regular a propriedade e a exploração dos recursos minerais e do petróleo, consoante disposições previstas nos artigos 20, 176 e 177. A redação original do artigo 177, §1º, da Constituição da República de 1988 atribuía à União o exercício exclusivo das atividades de exploração de jazidas de petróleo ou gás natural, bem como o monopólio sobre a atividade de pesquisa e lavra do petróleo.

O monopólio[2] se justificava à época como uma forma de proteção de interesses da coletividade, dada a relevância nacional da propriedade da União sobre as jazidas de petróleo. Tratava-se de exceção constitucional ao princípio da livre iniciativa consagrado no artigo 170, tendo em vista a barreira à entrada no mercado de outros agentes econômicos que não fossem a União, sendo vedada a livre concorrência naquele setor.

Com o advento da Emenda Constitucional nº 9/95 ("EC 9/95") ocorreu a chamada "flexibilização" do monopólio da União[3] e a abertura para a livre concorrência, com a autorização pelo texto constitucional de contratação de empresas estatais ou privadas para a realização das atividades petrolíferas, de acordo com as condições estabelecidas em lei. Ou seja, inaugura-se uma nova realidade, em que se permite que a União celebre

[1] Art 162 – A pesquisa e a lavra de petróleo em território nacional constituem monopólio da União, nos termos da lei.
Art 163 – Às empresas privadas compete preferencialmente, com o estímulo e apoio do Estado, organizar e explorar as atividades econômicas.

[2] Na lição de Caio Tácito está-se diante de monopólio de direito ou jurídico, ou seja, aquele em que "a lei torna privativa do Estado a atividade econômica, emitindo ato de vedação da concorrência (...) a lei se endereça a terceiros, vedando-lhes a invasão da atividade privativa do titular do monopólio (...) em defesa do monopólio público, a ilicitude se apresenta quando violada por terceiros a reserva da atividade estatal monopolizada." (*In* Tácito, Caio. Gás. Monopólio. Concessão. Revista Trimestral de Direito Público. São Paulo: Malheiros, vol. 7, 1994, p. 53-54).

[3] Barroso, Luis Roberto. Temas de Direito Constitucional, Tomo II, Rio de Janeiro: Renovar, 2003, p. 276-277.

contratos com terceiros para a exploração, em seu nome, das atividades econômicas de exploração e produção de petróleo.

A partir deste momento, em que se admite o ingresso de uma pluralidade de agentes econômicos no setor e se permite a instauração de competição no mercado, antes sob regime de monopólio, inaugura-se um ambiente propício para a regulação[4]. A despeito de o conceito jurídico de regulação normalmente associá-la a algum tipo de controle ou restrição, na forma de intervenção estatal, o sentido aqui empregado volta-se à viabilização ou ao ajuste da atividade econômica a uma nova realidade constitucional[5].

As justificativas técnicas para a regulação estão presentes não apenas pela situação de monopólio estatal, como também pelas externalidades negativas da indústria do petróleo e em razão da disponibilidade e continuidade do serviço ou do fornecimento de bens[6].

Em síntese, o monopólio se justificaria em razão da escassez do recurso (petróleo e gás natural) e pela essencialidade de seus derivados como insumos de outras atividades econômicas – por exemplo, o consumo individual de combustível em veículos e de gás natural para o uso residencial, além do uso da *commodity* para fins de exportação como um

[4] O monopólio é considerado uma das hipóteses de falha de mercado porque inviabiliza a competição. A regulação, assim como as leis de concorrência (ou antitruste), são soluções adotadas para reequilíbrio do mercado por permitir a restauração do ambiente competitivo. Na lição de Baldwin, Cave e Lodge, "*Monopoly pricing and output is likely to occur and be sustained where 3 factors obtain: a single seller occupies the entire market; the product sold is unique in the sense that there is no substitute sufficiently close for consumers to turn to; substancial barriers restrict entry by other firms into the industry, and exit is difficult. Where monopoly occurs, the market 'fails' because competition is deficient. (...) The effects of monopoly as compared to perfect competition, are reduced output, higher prices, and transfer of income from consumers to producers. One response to potential monopolies is to use competition (or antitrust) laws so as to create a business environment that is conductive to competition.*" (*In* BALDWIN, Robert; CAVE, Martin; LODGE, Martin. Introduction & Fundamentals. In: Understanding Regulation. Theory, Strategy, and Practice. 2a ed. Oxford: Oxford University Press, 2012, p. 15-16).

[5] Sobre o tema v. ORBACH, Barak, What Is Regulation? (September 7, 2012). 30 Yale Journal on Regulation Online 1 (2012); Arizona Legal Studies Discussion Paper No. 12-27. Disponível em SSRN: https://ssrn.com/abstract=2143385. Acesso em 28.10.2019.

[6] MARTINS, Daniela Couto. A regulação da indústria do petróleo segundo o modelo constitucional brasileiro. Belo Horizonte: Fórum, 2006, p. 148-152.

meio de arrecadação de recursos financeiros e de equilíbrio da balança comercial do país. As externalidades negativas resultariam (i) dos impactos ambientais decorrentes da atividade de exploração e produção em cada região e (ii) do custo internalizado pelo agente econômico em razão do consumo desse bem escasso[7]. Por fim, outra justificativa técnica para regular seria a continuidade do serviço, pois a regulação econômica deve garantir que a produção do bem seja suficiente para atender a demanda dos consumidores e evitar uma possível redução de produção que venha a gerar aumento significativo no preço do combustível.

Sob essa nova ótica regulatória, abre-se a possibilidade de a União celebrar contratos com terceiros (atores públicos ou privados) para explorar, em nome do ente federativo, as atividades econômicas de exploração e produção de petróleo, que serão fiscalizadas pela ANP, na forma disciplinada pela legislação infraconstitucional (Lei nº 9.478/97).

A Lei nº 9.478/97 (ou "Lei do Petróleo"), além de instituir o Conselho Nacional de Política Energética (CNPE), que tem por atribuição propor ao Presidente da República políticas nacionais e medidas específicas relativas ao setor de energia, tanto as atividades relacionadas à cadeia de óleo e gás quanto ao setor elétrico, e de criar a ANP, que é agência reguladora federal, autarquia sob regime especial, vinculada ao Ministério de Minas e Energia (MME) e responsável pela normatização e fiscalização do setor, estabelece os parâmetros e objetivos gerais da política energética nacional, mas não exaure a matéria, que depende de regulamentação pela ANP.

Neste aspecto, entende-se que a Lei do Petróleo habilita formalmente a agência reguladora[8], ou seja, a lei oferece as diretrizes ou *standards*

[7] A regulação instituirá a procedimentalização adequada para viabilizar o pagamento da compensação financeira devida pelos regulados, na forma de participações governamentais. O Decreto nº 2705/1998 dispõe sobre os critérios para cálculo e cobrança das participações governamentais aplicáveis às atividades de exploração, desenvolvimento e produção de petróleo e gás natural. Especificamente sobre os procedimentos para a apuração, pelos concessionários das atividades de produção de petróleo, gás natural ou ambos, da participação especial prevista no art. 50 da Lei nº 9.478/97, observar o disposto na Resolução ANP nº 12/2004.

[8] Aragão, Alexandre Santos de. Agências reguladoras e a evolução do direito administrativo econômico. 2ª ed. Rio de Janeiro: Forense, 2006, p.408.

que nortearão as ações da agência, tais como, a promoção de políticas de aproveitamento racional dos recursos energéticos ou a adoção das melhores práticas da indústria internacional do petróleo, conferindo-lhe ampla margem de escolha para a atuação do regulador dentro daquela moldura (são os denominados *intelligible principles* da experiência norte-americana[9]).

No entanto, essa ampla margem de escolha discricionária, conferida ao regulador na esfera normativa para o preenchimento das lacunas existentes na lei, não é a única função que se extrai da regulação. Ao regulador compete também tomar decisões individuais para assegurar a aplicação das regras extraídas de sua função normativa e nesse contexto se desenvolve a escolha regulatória, objeto desta pesquisa.

2.2. Operacionalização do conceito de escolha regulatória

Em que consiste, então, a escolha regulatória, para os fins deste trabalho?

Segundo Diogo de Figueiredo a regulação surge como nova modalidade de escolha do direito administrativo[10] a ser utilizada pela Administração Pública diante dos problemas oriundos de uma sociedade mutável, complexa e dinâmica. Trata-se de uma função complexa voltada à realização da tomada de decisão mais adequada para os problemas enfrentados pelo gestor público, ou seja, *"para implementar soluções que incrementem a eficiência das escolhas públicas com vistas à realização da boa administração."*[11]

[9] *Intelligible principles* são os princípios presentes na lei, em que o Congresso delega poderes à agência para editar normas, contendo *standards* para que a agência exerça as suas funções de acordo com as premissas constitucionais previstas em alguns casos submetidos à Suprema Corte (*In* GUERRA, Sérgio. Aperfeiçoando a Regulação brasileira por agências: quais lições podem ser extraídas do sesquicentenário modelo norte-americano? in Teoria do Estado Regulador. (Sergio Guerra – Coord.) Curitiba: Juruá, p.13-106, 2015, p.61). Sobre o tema v. também DELEO. John D. Administrative Law. New York: Delmar Gengage Learning, 2008, p. 17.

[10] MOREIRA NETO, Diogo de Figueiredo. Discricionariedade administrativa das autoridades reguladoras e aplicação das normas punitivas. Revista de Direito Administrativo, v.254, p. 95-108, maio/agosto, 2010. Sobre o tema também v. GUERRA, Sergio. Discricionariedade, Regulação e Reflexidade: uma nova teoria sobre as escolhas administrativas. 4ªed. Belo Horizonte: Fórum, 2017, p.151.

[11] Idem, p.101.

A escolha regulatória, como resultado da regulação, se adequa à configuração política do Estado Democrático de Direito por ser dotada de flexibilidade suficiente e se valer de técnicas de direito público e privado (ou "soluções híbridas") para resolver os conflitos setoriais interprivados[12], que envolvem agentes de mercado e consumidores, devendo o regulador nesse processo estar alinhado com as políticas públicas definidas pelo Poder Executivo para aquele setor específico. Trata-se de técnica voltada à conciliação ou coordenação de interesses públicos e privados naquele setor econômico[13].

Além disso, como esclarece Ana Raquel Moniz, a doutrina alemã associou esse poder de conformação atribuído às entidades administrativas ao conceito de discricionariedade regulatória. Neste aspecto, a discricionariedade regulatória consiste na tomada de decisão da agência reguladora, em consonância com a lei, mas dotada de liberdade de conformação e de prerrogativas de avaliação, em contextos de risco, "*caracterizados pela necessidade de realização de juízos técnicos, de prognose e de racionalização de recursos, polarizados em decisões estratégicas (hoc sensu, decisões que corporizam uma estratégia regulatória)*"[14]. De acordo com a linha de pensamento aqui desenvolvida, o conceito alemão reúne os elementos da tomada de decisão regulatória e reflete o exercício típico do gestor para formular sua escolha, predominantemente técnica.

Neste sentido, como acentua Sergio Guerra, a preponderância técnica deve ser a base das escolhas regulatórias, de modo a reduzir o espaço para as escolhas discricionárias[15], o que, consequentemente, permite uma

[12] MOREIRA NETO, Diogo de Figueiredo. Mutações do Direito Público. Rio de Janeiro: Renovar. 2006, p.389-390.

[13] PROSSER, Tony. Two Visions of Regulation. University College. Dublin. 2010. Disponível em: http://regulation.upf.edu/dublin-10-papers/1H1.pdf. Acesso em 29.10.2019.

[14] MONIZ, Ana Raquel Gonçalves. A crise e a regulação: o futuro da regulação administrativa. In. A crise e o direito público: VI Encontro de Professores portugueses de Direito Público. Pedro Gonçalves e Carla Amado Gomes (Coord.). Edição de Instituto de Ciências Jurídico Políticas, Outubro de 2013, p. 121-122.

[15] Idem, p. 137.

mitigação do juízo de incerteza proveniente da multiplicidade de decisões oriundas da interpretação de conceitos jurídicos indeterminados[16].

Pode-se dizer, portanto, que a natureza técnica da escolha regulatória é um dos elementos que a distingue da escolha discricionária pura[17] – de conteúdo político – por conferir realidade à abstração da lei geral e "*porque os juízos postos em jogo na escolha regulatória não seriam apenas de conveniência e oportunidade, mas também de reflexão sistemática e transparente sobre a totalidade do problema a ser regulado.*"[18]

Observa-se, então, que a escolha regulatória, de natureza eminentemente técnica, pode ser considerada a última etapa da cadeia no processo de formação da decisão do regulador. Ou seja, diante de um caso concreto em que há várias alternativas possíveis para o atendimento da demanda existente em um setor específico, a escolha regulatória seria aquela dotada de complexidade técnica em que o regulador sopesa os dados e informações disponíveis, que necessariamente refletem interesses do mercado, entes regulados e consumidores, avalia os custos e benefícios de cada uma das estratégias existentes e seus efeitos prospectivos no setor regulado e na sociedade para a tomada de decisão.

Assim, para fins da pesquisa, esse será o conceito adotado para se certificar se o órgão de controle, ao fiscalizar as decisões da ANP no processo licitatório para a outorga dos direitos de exercício de atividades de exploração e produção de petróleo e gás natural, interfere nas escolhas regulatórias da agência.

[16] Moreira Neto, Diogo de Figueiredo. Mutações do Direito Público. Rio de Janeiro: Renovar. 2006, p.395.

[17] A "discricionariedade administrativa pura" (*discrezionalitá amministrativa*) consiste em atividade de sopesamento, pela autoridade administrativa, de interesses públicos conflitantes. (...) não se trata de discricionariedade técnica, mas política. (*In* Jordão, Eduardo. Controle judicial de uma administração pública complexa: a experiência estrangeira na adaptação da intensidade do controle. São Paulo: Malheiros, 2016, p. 124)

[18] Leitão, Rômulo Guilherme; Gouveia, Alessandro Samartin de. Escolha regulatória, controle judicial e a nova LINDB. Revista de Direito Administrativo, Rio de Janeiro, v. 278, n. 2, p. 97-130, Set. 2019, p. 104-105. ISSN 2238-5177. Disponível em: http://bibliotecadigital.fgv.br/ojs/index.php/rda/article/view/80051/76585 Acesso em: 16.09. 2019. doi:http://dx.doi.org/10.12660/rda.v278.2019.80051.

No entanto, não é qualquer escolha feita pelo regulador que é dotada de complexidade técnica, pois, dependendo do tipo de avaliação que é realizada, poderá se tratar de uma escolha técnica pura e simples ou de natureza subjetiva.

Para fundamentar essa assertiva, adota-se como parâmetro a sistematização da jurisprudência italiana sobre os graus de "tecnicidade" das ações administrativas[19] de modo a concluir que, na escolha feita pelo regulador no processo de oferta pública de blocos exploratórios, as avaliações feitas pela ANP podem ser (i) de natureza técnica subjetiva ou opinável, ou seja, estão dentro da esfera de discricionariedade técnica do gestor ou (ii) tecnicamente complexas, que *"compreende não apenas a opinabilidade, mas também uma ponderação de interesses públicos conflitantes"*[20].

A delimitação do tipo de avaliação realizado pela agência reguladora nesse processo de tomada de decisão, que resultará numa escolha regulatória, repita-se, é relevante para verificar se o Tribunal de Contas da União acaba por interferir nessa escolha e, caso confirmada essa premissa, se o faz de forma substancial.

Cabe, portanto, explicar neste momento como se realiza o processo de tomada de decisão da ANP.

2.3. O processo de tomada de decisão da agência reguladora na oferta pública de blocos exploratórios

A Lei do Petróleo confere à ANP o poder normativo de elaboração de editais de licitação e dos contratos de concessão, cabendo-lhe, entre outras atribuições, a realização de licitações para outorga dos direitos de exercício de atividades de exploração e produção de petróleo e gás natural (também chamadas nesta pesquisa de "Rodadas de Licitação", "ofertas públicas" ou "leilão de blocos exploratórios"), a celebração dos contratos de concessão delas decorrentes e a fiscalização de sua execução[21].

[19] Jordão. Eduardo. Controle judicial de uma administração pública complexa: a experiência estrangeira na adaptação da intensidade do controle. São Paulo: Malheiros, 2016, p. 123-124.

[20] Idem, p.124.

[21] Com o advento da Lei nº 12.351/2010, as atividades de exploração, desenvolvimento e produção de petróleo e de gás natural também serão exercidas sob o regime de partilha

Os artigos 36 e 37 da Lei nº 9.478/1997, por sua vez, determinam que a ANP estabelecerá, mediante resolução, os procedimentos para a realização das licitações para a oferta pública dos blocos exploratórios, outorgando ao vencedor do certame, ao final do procedimento previsto na resolução, o exercício das atividades de exploração e produção de petróleo e gás natural, além de indicar as cláusulas que obrigatoriamente deverão estar previstas nas minutas de edital e do contrato.

A competência normativa atribuída às agências reguladoras não é feita por acaso. Trata-se de delegação institucional, no caso do Poder Legislativo, que, além de mitigar os custos associados à tomada de decisão[22], transfere o ônus de decidir à entidade administrativa mais habilitada para a solução de um problema jurídico complexo dentro de um contexto real de tomada de decisão. São as denominadas decisões de segunda ordem ou metadecisões[23].

Decerto que os atos normativos regulatórios também são passíveis de erro e sujeitam-se ao controle judicial ou político. Em regra, em se tratando de revisão judicial, aplica-se o artigo 5º, XXXV, da Constituição

de produção, nas áreas do pré-sal e nas áreas estratégicas, mediante outorga de contratos de partilha de produção.

22 Na lição de Sustein, os custos aqui referidos abrangem tanto os "custos de erro', relacionados ao número e à magnitude dos equívocos cometidos pelos órgãos julgadores quanto aos "custos de decisão", relativos aos recursos escassos, por exemplo, tempo, dinheiro e esforço mental, que os órgãos deverão aplicar na solução do problema posto. (*In* Sustein, Cass R. *Must formalism be defended empirically?* The University of Chicago Law Review, Vol. 66, n. 3, pp. 636-670, Summer, 1999, p. 647.)

23 Tratam-se de decisões sobre como decidir. Entende-se que as decisões têm custos sejam eles relacionados ao próprio processo de tomada de decisão em si e a escassez de recursos para a sua realização (tempo, dinheiro, esforço mental) ou inerentes aos erros cometidos pelo julgador na tomada de decisão. Neste sentido, o julgador ou a instituição a quem foi delegado o poder de tomar a decisão, para realizar uma escolha racional tem por estratégia minimizar os seus custos tomando uma decisão de segunda-ordem (que não é considerada a 'decisão ótima' e, portanto, menos custosa que a decisão de primeira ordem). (*In* Sustein, Cass R.; Ulmann-Margalit, Edna. Second Order Decisions. John M. Olin Law & Economics Working Paper. University of Chicago Law School, n. 57, 1998. Disponível em: https://chicagounbound.uchicago.edu/cgi/viewcontent.cgi?article=1437&context=law_and_economics Acesso em 31.10.2019).

da República e, quanto ao controle político, a revisão é feita pelo Poder Legislativo, na forma do seu artigo 49, inciso V.

No entanto, em se tratando de avaliações técnico-subjetivas ou tecnicamente complexas (sendo que estas últimas nos interessam mais diretamente para fins da pesquisa) como esse controle pode ser realizado?

Antes de adentrar na seara institucional, por um critério de coesão e coerência do trabalho, passa-se a tratar da tomada de decisão realizada pela ANP. Esta análise servirá como ponto de partida para compreender como se desenvolve o processo de escolha regulatória, além de facilitar a compreensão sobre os tipos de avaliação citados acima, de natureza técnico-subjetiva ou tecnicamente complexo.

Como é realizado esse processo de tomada de decisão pela ANP na oferta pública de blocos exploratórios e estratégicos?

A ANP inicia o processo de tomada de decisão observando os parâmetros legais e a política energética definida para o setor regulado. Verifica-se ainda que a agência, na etapa inicial do processo de oferta pública, já terá avaliado e selecionado os blocos a serem oferecidos, analisado seus riscos exploratórios, o potencial das bacias sedimentares brasileiras em que os blocos se situam e das novas fronteiras exploratórias.

Essa avaliação é feita com base nos dados existentes sobre as bacias sedimentares arquivados na base de dados de E&P da ANP ("BDEP"), que são informados pelos próprios concessionários[24], nos objetivos traçados pela política energética de E&P, definidos pelo Ministério de Minas e

[24] De acordo com as Melhores Práticas da Indústria do Petróleo, e em cumprimento à legislação brasileira aplicável, inclusive quanto à periodicidade, aos prazos e à forma, o concessionário deverá enviar à ANP, além dos documentos exigidos em outras cláusulas do contrato de concessão, cópias de mapas, seções e perfis, dados adquiridos, estudos e informes geológicos, geoquímicos e geofísicos, inclusive interpretações, dados de poços e testes, além de relatórios ou quaisquer outros documentos definidos em regulamentação específica, que contenham informações necessárias para a caracterização do progresso dos trabalhos, obtidos como resultado das operações e do citado contrato. Nos termos do art. 22 da Lei do Petróleo, os dados e informações de geologia, geofísica e geoquímica são parte integrante dos recursos petrolíferos nacionais e deverão ser obrigatoriamente entregues à ANP, para arquivo no BDEP, nos prazos e condições estabelecidas em regulamentação específica (normas, padrões, portarias e regulamentos), que zelará para o cumprimento dos períodos de confidencialidade definidos na legislação aplicável.

Energia, e, sobretudo, em consonância com as resoluções do CNPE, considerando que compete à agência a implementação da política pública definida para o setor.

Com base nos objetivos adotados pelo Poder Executivo para determinadas Rodadas de Licitação e fixados no edital elaborado pela ANP, é possível identificar o tipo de avaliação realizado pela agência no processo de tomada de decisão.

De acordo com os editais de licitação das rodadas iniciais, identificam-se os seguintes objetivos: incrementar os esforços exploratórios no Brasil, facilitar a transferência de tecnologia e o uso das melhores práticas da indústria do petróleo, possibilitar a entrada do setor privado, nacional e internacional, nas atividades da indústria do petróleo no Brasil, promover a livre concorrência e ampliar a competitividade do País no mercado internacional. A elaboração de minutas de editais e de contratos pela ANP, nesse momento inicial, encontra-se em linha com a "flexibilização" do monopólio, em que a finalidade precípua da regulação é promover a abertura do mercado aos novos agentes econômicos e estimular a livre concorrência.

A partir da 7ª Rodada, além dos objetivos gerais traçados acima, há uma maior preocupação com a recomposição das reservas nacionais e o atendimento da crescente demanda interna, ou seja, serão sopesados os interesses do mercado com os interesses do consumidor, ocasião em que a escolha regulatória deve privilegiar a continuidade e disponibilidade do serviço, para que a produção do recurso natural e de seus derivados atenda aos consumidores. Adicionalmente, a escolha dos blocos busca então a identificação de novas bacias produtoras e passa a se concentrar em atrair investimentos para regiões ainda pouco conhecidas geologicamente ou com barreiras tecnológicas a serem vencidas e, ainda, no oferecimento de oportunidades a pequenas e médias empresas, em bacias densamente exploradas, possibilitando a continuidade da exploração e a produção de petróleo e gás natural nessas regiões, onde tais atividades exercem importante papel socioeconômico. A atenção do regulador se volta ao atendimento da demanda interna, à inovação tecnológica e ao desenvolvimento de micro e pequenas empresas, com a licitação de blocos localizados em bacias maduras (já em declínio de produção).

Da 10ª até a 16ª Rodada de Licitações, os interesses se voltam para as áreas do pré-sal, o desenvolvimento da pequena indústria petrolífera e a fixação de empresas nacionais e estrangeiras no País, além da continuidade no atendimento à demanda por bens e serviços locais, a geração de empregos e a distribuição de renda[25].

Nas Rodadas de Partilha de Produção (ocorridas a partir de 2010, quando se inaugura o marco regulatório do pré-sal) não foi diferente. Na 1ª Rodada, foi selecionado bloco da Bacia de Santos, no polígono do pré-sal, para a contratação das atividades de exploração e produção de petróleo e gás natural, cujos objetivos são de ampliação das reservas brasileiras, da produção de petróleo e gás natural e do conhecimento sobre a região, visando recompor e ampliar a produção e as reservas nacionais de hidrocarbonetos.

Nas rodadas seguintes foram selecionados blocos em bacias de elevado potencial, também no polígono do pré-sal, com os objetivos similares à rodada inicial, buscando-se propiciar o aproveitamento racional dos recursos energéticos e o atendimento à crescente demanda interna[26]. Durante a 5ª Rodada de Partilha de Produção, foi alterada a cláusula de Conteúdo Local[27] da minuta do contrato de concessão, nos termos da Resolução CNPE nº 01/2018 e da Resolução ANP nº 726/2018, em razão

[25] Extraído de minutas de editais de licitação no sítio eletrônico da ANP: http://rodadas.anp.gov.br/pt/concessao-de-blocos-exploratorios-1/15-rodada-de-licitacao-de-blocos/edital-e-modelo-do-contrato-de-concessao.

[26] Extraído de minutas de editais de licitação no sítio eletrônico da ANP: http://rodadas.anp.gov.br/pt/partilha-de-producao/5-rodada-de-partilha-de-producao-pre-sal/edital-e-modelo-dos-contratos-de-partilha-de-producao

[27] De acordo com a cláusula de conteúdo local estabelecida pela ANP, as concessionárias devem assegurar preferência à contratação de fornecedores brasileiros sempre que suas ofertas apresentarem condições de preço, prazo e qualidade equivalentes às de outros fornecedores também convidados a apresentar propostas.

O dispositivo contratual tem o objetivo de incrementar a participação da indústria nacional de bens e serviços, em bases competitivas, nos projetos de exploração e desenvolvimento da produção de petróleo e gás natural. O resultado esperado da aplicação da cláusula é o impulso ao desenvolvimento tecnológico, a capacitação de recursos humanos, e a geração de emprego e renda nesse segmento. Disponível em: http://www.anp.gov.br/exploracao-e-producao-de-oleo-e-gas/dados-tecnicos/geoanp/111-exploracao-e-producao-de-oleo-e-gas/861-conteudo-local. Acesso em 05.12.2019.

de novos compromissos de Conteúdo Local que deveriam ser aplicados para a área adjacente ao contrato sob aquele regime de exploração[28].

Observa-se que, a depender do momento econômico-político do país, são traçadas novas diretrizes e há novos interesses públicos em jogo. Entende-se que, nos casos ilustrados acima, está-se diante de uma escolha regulatória. A escolha promovida pela ANP para realizar a oferta pública dos blocos exploratórios é de natureza tecnicamente complexa (i) diante de seu conteúdo eminentemente técnico e (ii) em razão da definição pela ANP de estratégia que melhor atenderá a demanda do setor de petróleo e gás natural, sopesando-a com os interesses de mercado e da sociedade envolvidos naquela escolha.

Por exemplo, uma vez traçadas as diretrizes de política de E&P pelo Poder Executivo, que deverão ser atendidas pela agência para a definição dos blocos exploratórios, a escolha de determinada área é feita por sua qualidade geológica, tipo do hidrocarboneto a ser extraído (petróleo ou gás natural), grau API do óleo (pesado ou leve), potencial lucrativo da área a ser concedida (interesse do setor regulado). Em contrapartida, nessa escolha também serão sopesados: os interesses voltados ao maior desenvolvimento regional, seja pelo incremento da oferta de empregos ou da distribuição de renda oriunda da compensação financeira, devida a título de participações governamentais; o aumento da concorrência oriunda do ingresso ou fixação de empresas internacionais em mercado ocupado pelas empresas nacionais; o desenvolvimento de pequenas e médias empresas, para explorar áreas de campos maduros que não interessariam mais às *majors* da indústria pela sua baixa produtividade; maior aproveitamento do recurso (inclusive, de seus derivados) para a continuidade do serviço aos consumidores finais e, ainda, os impactos ambientais, sobretudo pelos efeitos nocivos que a atividade de E&P pode vir a gerar naquela região.

Por sua vez, a inclusão no contrato de concessão de condições para o cumprimento do conteúdo local que, em linhas gerais, consiste em incrementar a participação da indústria nacional de bens e serviços, em bases

[28] Esses novos compromissos foram oriundos de inovação regulatória que abarcaria o bloco Sudoeste de Tartaruga Verde que havia sido selecionado para ser oferecido nessa rodada de licitação.

competitivas, nos projetos de exploração e desenvolvimento da produção de petróleo e gás natural, assegurando preferência à contratação de fornecedores nacionais sempre que suas ofertas sejam equivalentes às de fornecedores estrangeiros, pode ser classificada como escolha de caráter técnico-subjetivo feita pelo regulador. Trata-se de escolha que não é passível de ponderação e que aponta os percentuais mínimos de conteúdo local global a ser cumprido pelo concessionário nas contratações de bens e serviços para as atividades de E&P tanto na fase de exploração e como na etapa de desenvolvimento da produção[29]. É um compromisso a ser firmado nas minutas contratuais e o seu descumprimento, pelo agente econômico, gera a aplicação de sanções e penalidades por parte do regulador[30].

Além das questões envolvendo limitações de percentual de conteúdo local, entende-se que há outras escolhas que envolvem um caráter técnico subjetivo ou opinável, ou seja, está dentro da esfera de discricionariedade técnica do gestor. Cabe ao regulador, por exemplo, decidir outras cláusulas que devam integrar a minutas de edital e do contrato, utilizando como parâmetro para exercer o seu juízo de valor, aquelas cláusulas que por determinação legal essencialmente deverão estar previstas no contrato (artigo 43 da Lei nº 9.478/97).

[29] As definições técnicas estão previstas no artigo 6º, incisos XV e XVI, da Lei nº 9.478/1997. A fase de pesquisa ou exploração consiste no conjunto de operações ou atividades destinadas a avaliar áreas, objetivando a descoberta e a identificação de jazidas de petróleo ou gás natural; enquanto que a fase de produção consiste no conjunto de operações coordenadas de extração de petróleo ou gás natural de uma jazida e de preparo para sua movimentação.

[30] A matéria é disciplinada pela Resolução ANP nº 19/2013, que dispõe sobre os critérios e procedimentos para execução das atividades de Certificação de Conteúdo Local e foi objeto alteração pela Resolução ANP nº 726/2018, que estabelece os critérios, requisitos e procedimentos aplicáveis à isenção de cumprimento da obrigação de Conteúdo Local, bem como as regras gerais dos ajustes de percentual de conteúdo local comprometido e das transferências de excedente de conteúdo local relativos aos contratos para exploração e produção de petróleo e gás natural de concessão a partir da Sétima até a Décima Terceira Rodada de Licitações, de Cessão Onerosa, da Primeira Rodada de Partilha de Produção, e do Contrato da Segunda Rodada de Partilha de Produção referente à área unitizável adjacente a Gato do Mato. A citada resolução introduz flexibilidade às linhas de compromissos estipuladas nos editais e contratos de exploração e produção de petróleo e gás natural e faculta aos operadores a possibilidade de realização de aditamento contratual.

Entende-se que a submissão prévia ao órgão de controle das minutas de edital e do contrato também mais se aproximam de um juízo técnico-subjetivo de avaliação do regulador, sobretudo considerado o receio de anulação daquela Rodada de Licitação específica ou de um contrato de concessão ou de partilha de produção, dependendo da intensidade do controle empregado pela Corte de Contas.

Por exemplo, a ANP, dentre as alternativas possíveis (regime de concessão ou partilha), escolhe o regime licitatório que, em regra, é menos complexo (concessão) e que atrai mais competidores ao leilão (aumento de propostas e da competitividade do certame). Pelo regime de concessão, após o devido processo licitatório, se outorga ao concessionário a exploração da área ofertada e, em caso de êxito, a produção do petróleo, pelo prazo previsto no contrato.

O risco da fase exploratória, ou seja, da pesquisa acerca da existência de petróleo e gás natural viável no bloco fica a cargo do investidor privado. Em caso de insucesso, este perde os investimentos realizados, sem ônus para a União. Em contrapartida, no caso de êxito, o investidor se apropria do resultado da produção mediante o pagamento de compensação financeira prevista contratualmente[31] (*royalties* ou participação especial).

Se, no entanto, for escolhido o regime de partilha da produção[32], a proposta vencedora é aquela que oferece o maior percentual em "óleo lucro" ou excedente em óleo[33] para a União e maior bônus de assina-

[31] Sampaio. Patrícia. Regulação da atividade de petróleo e gás natural no Brasil. *In* Regulação no Brasil: uma visão multidisciplinar. (Org.) Sergio Guerra. Rio de Janeiro: Editora FGV, 2014, p.305.

[32] A principal inovação deste modelo consiste em que o concessionário que realiza a atividade de exploração e produção não se torna proprietário do resultado do produto da lavra, pois deve dividir o "excedente em óleo" com a União.

[33] O excedente em óleo, por lei, é a parcela da produção de petróleo, de gás natural e de outros hidrocarbonetos fluidos a ser repartida entre a União e o contratado, segundo critérios definidos em contrato, resultante da diferença entre o volume total da produção e as parcelas relativas ao custo em óleo, aos royalties devidos e, quando exigível, à participação de que trata o art. 43.

tura ("lance" ou proposta oferecida pelos interessados nos blocos)[34]. Esclareça-se que, distintamente do que ocorre no regime de concessão, no regime de partilha já é fixado no edital, de antemão, o valor do bônus de assinatura a ser pago pelo interessado e o percentual mínimo de "óleo lucro" a ser oferecido no certame.

Observe-se, no entanto, que o vencedor do leilão, a quem será outorgado o contrato de partilha, deverá arcar com todos os investimentos na fase inicial exploratória e somente se obtiver sucesso na exploração, com a descoberta de óleo e o início da produção, será ressarcido pela União pelos investimentos realizados, não mediante compensação financeira, mas, em óleo. Assim, por meio de contrato de partilha de produção, pode o Estado partilhar os lucros do empreendimento sem realizar *ex ante* quaisquer investimentos[35]. Trata-se de regime mais complexo e, em regra, menos atrativo.

Prosseguindo o raciocínio, quais os efeitos vinculados a cada uma dessas alternativas?

O regime de concessão normalmente atrai mais *players* do mercado, o que fortalece a atividade exploratória no país, por viabilizar uma maior pluralidade de operadores exercendo a atividade de exploração, desenvolvimento e produção dos campos de petróleo. Além disso, com um maior número de agentes exercendo a atividade há um incentivo à inovação (com a criação de novos *softwares*, equipamentos e tecnologias voltadas ao desenvolvimento do setor regulado), além de incrementar investimentos no setor.

Os concessionários pagam receitas (*royalties* e demais participações governamentais) como contrapartida financeira pela exploração das áreas concedidas, enquanto os contratados sob o regime de partilha pagam apenas *royalties*. Os efeitos econômico-financeiros da escolha do regime de concessão consistem no seguinte: o bônus de assinatura pode não ser tão elevado no regime de concessão quanto no modelo de partilha mas,

[34] O bônus de assinatura, de acordo com a Lei nº 12.351/2010, consiste no valor fixo devido à União pelo contratado, a ser pago no ato da celebração e nos termos do respectivo contrato de partilha de produção.

[35] Aragão, Alexandre dos Santos de. Curso de Direito Administrativo. Rio de Janeiro: Forense, 2012, p. 466.

no longo prazo, a União será beneficiada pelo pagamento de compensações financeiras pelos concessionários das áreas externas ao polígono do pré-sal, que normalmente são de alta lucratividade e rentabilidade.

Feita a avaliação de cada uma dessas consequências acima listadas, a ANP ordena cada uma delas para determinar os efeitos de cada uma nos diferentes cursos decisórios possíveis[36].

Assim, entende-se que a definição do modelo regulatório para a oferta pública de blocos exploratórios realizada pela ANP também consiste em escolha regulatória voltada para a realização de resultados práticos, conforma uma resposta técnica (empiricamente fundamentada) e que sopesa os custos e benefícios necessários para o atendimento das questões complexas enfrentadas pelo setor regulado, com o menor dispêndio de recursos públicos.

Na prática, essa tarefa não é simples para o tomador de decisão, sobretudo diante da assimetria de informações existente no mercado e da dificuldade em se avaliar todos os possíveis efeitos da decisão escolhida[37].

Em regra, o tomador de decisão se preocupa com a avaliação das "melhores consequências" de sua escolha. Contudo, deve haver um certo rigor metodológico por parte de quem decide, pois a busca pelo melhor resultado não deve demandar esforço além do razoável nem se prolongar por tempo excessivo, como acentuam Fernando Leal e Diego Werneck[38], tendo em vista que o levantamento de um número elevado de dados e informações, além de ser oneroso e retardar o processo decisório, não resulta necessariamente numa decisão de qualidade[39].

[36] Idem, p. 91.

[37] Arguelhes, Diego Werneck; Leal, Fernando. Pragmatismo como [Meta]Teoria da Decisão Judicial: Caracterização, Estratégias e Implicações. In Daniel Sarmento; Alvaro Ricardo de Souza Cruz (Orgs.). Filosofia e Teoria Constitucional Contemporânea. Rio de Janeiro: Lumen Juris, p. 171-211, 2009.

[38] Idem, p. 179.

[39] "O mundo em que vivemos presume que a qualidade de uma decisão está diretamente relacionada ao tempo e ao esforço dedicados à sua tomada. (...) Acreditamos que é sempre melhor colher o máximo de informações e investir o máximo de tempo deliberando sobre elas (...) [porém] decisões tomadas muito depressa podem ser tão boas quanto decisões tomadas de forma cautelosa e deliberada." (*In* Gladwell, Malcolm. Blink: a decisão

O regulador, dependendo da estratégia de decisão que adotar, dificilmente poderá se esquivar do componente da incerteza resultante de sua decisão, sobretudo considerando que a sua escolha, ainda que devidamente respaldada em critérios legais e técnicos, poderá sofrer os influxos da avaliação pelo Tribunal de Contas.

Em síntese, a avaliação sobre os blocos objeto da Rodada de Licitação, a escolha dos modelos exploratórios relativamente ao potencial das bacias sedimentares ou do regime regulatório que será adotado para o leilão (concessão ou partilha de produção) se encontram na esfera das decisões individuais e das escolhas tecnicamente complexas realizadas pela ANP, com respaldo em sua base de dados e nas diretrizes da política nacional recomendadas pelo CNPE e pelo MME.

Por outro lado, a submissão prévia ao órgão de controle das minutas de edital e do contrato mais se aproximam de um juízo técnico-subjetivo de avaliação do regulador, sobretudo considerado o receio de anulação daquela Rodada de Licitação específica ou de um determinado contrato, dependendo da intensidade do controle empregado pela Corte de Contas.

A partir da delimitação dessas escolhas técnico-subjetivas e tecnicamente complexas, que são realizadas pela ANP na elaboração das minutas de edital e de contratos nos processos de desestatização de E&P, entende-se possível aferir que as escolhas regulatórias, uma vez submetidas ao crivo do TCU, não seriam passíveis de ser substituídas por decisão daquela instituição, sob pena de restar caracterizada a interferência do Tribunal de Contas na esfera de atribuição institucional do regulador.

Cumpre, então, detalhar os critérios que serão adotados nesta pesquisa para se aferir se as decisões da Corte de Contas exercem uma interferência regulatória (nomenclatura adotada no sentido de uma decisão substitutiva da escolha da ANP, de caráter mais intrusivo).

num piscar de olhos. Tradução de Nivaldo Montingelli Jr. Rio de Janeiro: Sextante, 2016, p. 16-17.)

2.4. Critérios adotados para aferir a dinâmica do controle e a substituição das escolhas regulatórias pelo TCU

Como parâmetro da pesquisa, tomam-se por empréstimo três noções utilizadas por Carlos Ari Sundfeld e Jacintho Arruda Câmara[40] para propor critérios de limitação do controle do Tribunal de Contas. No caso sob estudo, tais noções servirão como elementos úteis para aferir como é realizada a dinâmica do órgão de controle na avaliação das decisões dos gestores da Administração Pública e, por conseguinte, das agências reguladoras. São elas: objeto de fiscalização, parâmetro de fiscalização e produto de fiscalização.

O objeto da fiscalização é "*o conjunto de fatos, atos e procedimentos da Administração Pública ou de terceiros que o Tribunal examina e, a seguir, avalia, positiva ou negativamente*". O parâmetro de fiscalização é "*a referência que o Tribunal adota para avaliar positivamente ou negativamente certo objeto*". Por fim, os produtos da fiscalização são "*os atos que o Tribunal produz em decorrência dos procedimentos que realiza*"[41].

Quanto ao objeto, pode-se dizer que a fiscalização do TCU é ampla, podendo abranger quase tudo o que se relaciona com a Administração Pública, pois, além da fiscalização financeira, orçamentária, contábil e patrimonial "*cabe-lhe, no exercício da fiscalização operacional, um exame do todo, do conjunto da atuação administrativa*"[42].

São considerados como objeto da fiscalização do órgão de controle nesta pesquisa as minutas de edital de licitação para oferta pública de blocos exploratórios e estratégicos (estes últimos a partir de 2010), as minutas de seus respectivos contratos de concessão, de partilha de produção e os relatórios de auditoria operacional realizada com o intuito de avaliar a *performance* das estruturas administrativas.

Por sua vez, os parâmetros utilizados pela Corte de Contas na avaliação do objeto também são variados, balizados nos princípios previstos no

[40] SUNDFELD, Carlos Ari; CÂMARA, Jacintho Arruda. O Tribunal de Contas da União e a regulação. *In:* FIGUEIREDO, Marcelo (Coord). Novos rumos para o direito público: reflexões em homenagem à Professora Lúcia Valle de Figueiredo. Belo Horizonte: Fórum, 2012, p. 59-68.

[41] Idem, p. 61.

[42] Ibidem, p.61

artigo 70, *caput*, da Constituição da República (legalidade, economicidade e legitimidade). Entende-se que a extrema amplitude e fluidez dessas diretrizes acabam por gerar indefinição até mesmo quanto ao campo de atuação do órgão de controle.

Segundo a concepção de legalidade, deverá o Tribunal, no julgamento das contas públicas, verificar se o agente público agiu em conformidade com o ordenamento jurídico; já os parâmetros da legitimidade e economicidade não são dotados da mesma precisão.

A economicidade, por exemplo, em sede doutrinária é tratada com o mesmo sentido do princípio da eficiência[43], que também é dotado de extrema fluidez e se vincula à ideia de um comportamento voltado à obtenção máxima de resultado dentro dos "*limites de uma certa disponibilidade dos meios*" existentes[44]. Dada a abertura do conceito de economicidade, não se encontra um balizador apropriado para os limites da atuação da Corte de Contas, mas deve-se ter em mente que esse parâmetro não se dissocia da legalidade, ou seja, deve estar sempre alinhado com o ordenamento jurídico.

Quanto à legitimidade, não é diferente: sua concepção, segundo Ricardo Lobo Torres, é derivada da ideia de segurança jurídica e de justiça[45], o que não poderia ser mais abstrato[46]. Observa-se que os parâmetros fixados para a avaliação dos objetos de fiscalização pelo TCU apresentam contornos indefinidos no ordenamento jurídico, o que dificulta identificar se a avaliação positiva ou negativa das minutas de editais ou de

43 Neste sentido v. TORRES, Ricardo Lobo. Tratado de Direito Constitucional Financeiro e Tributário. O Orçamento na Constituição. 3ª ed. Rio de Janeiro: Renovar, 2008, p. 197. Ver também sobre o tema MEDAUAR, Odete. Direito Administrativo Moderno. 18ª ed. São Paulo: Editora Revista dos Tribunais, 2014, p. 148 e FERNANDES, Jorge Ulisses Jacoby. Tribunais de Contas do Brasil: jurisdição e competência. 2ªed. Belo Horizonte: Fórum, 2005, p. 49-50.

44 MEDAUAR, Odete. Controle da Administração Pública. 3ªed. São Paulo: Editora Revista dos Tribunais, 2014, p. 141.

45 Idem, p. 508-509.

46 Sobre a dificuldade de analisar a atuação administrativa dada a abstração dos princípios da economicidade e legitimidade, v. NAGATA, Bruno Mitsuo. A limitação da discricionariedade em matéria orçamentária pelos princípios da legalidade, legitimidade e economicidade. In: CONTI, José Maurício e SCAFF, Fernando Facury (coords), Orçamentos Públicos e Direito Financeiro. São Paulo: Revista dos Tribunais, 2011, p. 377.

contratos feitas pelo órgão de controle, melhor dizendo, se o resultado dessa avaliação, que seriam os comandos corretivos realizados pelo TCU, extrapolam ou não o que está previsto na Constituição da República.

Em virtude da indefinição de suas competências, a Corte de Contas alarga seu campo de atuação valendo-se de seu poder normativo. A edição de leis esparsas, como a Lei Orgânica ou "LOTCU" – Lei nº 8.443/92 –, por exemplo, acaba por sedimentar outras vias que servem como parâmetros de controle. Por outro lado, uma vez que essa atribuição está respaldada pelo ordenamento, há maior segurança jurídica para a sua atuação corretiva sobre atos dos gestores públicos e das agências reguladoras.

Diante dessas incertezas quanto aos parâmetros para a fiscalização do TCU, os produtos de fiscalização acabam sendo afetados, caso tenham espectro tão amplo como o objeto e os parâmetros de fiscalização.

Os produtos de fiscalização são inerentes ao poder de comando do TCU e, como bem acentuado por Carlos Ari Sundfeld e Jacintho Arruda Câmara, têm escopo mais restrito, pois as ordens emitidas pelo TCU (em geral, no sentido de constituir ou desconstituir direitos e deveres) somente são admissíveis em virtude da existência de ilegalidades. No entanto, reforçam os autores que estes comandos (de conteúdo interventivo) se restringem à fiscalização financeira, orçamentária, contábil e patrimonial[47].

Por outro lado, uma interpretação mais comedida a respeito da função corretiva ou impugnativa dos Tribunais de Contas reconhece que "*a Constituição não atribui ao órgão de controle externo competência para anular ou desconstituir ato ilegal*"[48]. Mariana Willeman associa a citada função corretiva ou impugnativa de irregularidade na gestão pública ao artigo 71, inciso IX, da Constituição da República.

Neste aspecto, segundo a autora, a despeito de a Constituição autorizar a possibilidade de sustação da execução de ato impugnado pela Corte

[47] SUNDFELD, Carlos Ari; CÂMARA, Jacintho Arruda. O Tribunal de Contas da União e a regulação. In: FIGUEIREDO, Marcelo (Coord). Novos rumos para o direito público: reflexões em homenagem à Professora Lúcia Valle de Figueiredo. Belo Horizonte: Fórum, 2012, p. 63.

[48] WILLEMAN. Mariana Montebello. Accountability democrática e o desenho institucional dos Tribunais de Contas no Brasil. 2ªed. Belo Horizonte: Fórum, 2020, p. 258.

de Contas, deve haver uma dinâmica cooperativa entre o órgão de controle e a Administração Pública. Somente na hipótese de insucesso dessa ação colaborativa (por exemplo, se não há saneamento voluntário da medida pelo agente fiscalizado, poderá ser fixado prazo para a correção do ato ilegal, que também não é atendido pelo agente) poderia o órgão de controle intervir na matéria diretamente para sustar a execução do ato, independentemente do Poder Legislativo.

Observe-se que, na obra referida, Mariana Willeman alia a função corretiva dos Tribunais de Contas à execução de despesas públicas, ou seja, à gestão de recursos públicos e, ao propor esse arranjo institucional colaborativo entre o órgão de controle e a Administração, tem por intuito preservar a autonomia desta última, de modo a evitar que a decisão da Corte de Contas se substitua aos gestores públicos[49].

Prosseguindo, no âmbito da fiscalização operacional exercida sobre as agências reguladoras, Carlos Ari Sundfeld e Jacintho Arruda Câmara também sustentam que não haveria autorização constitucional para emitir esses tipos de ordens de comando[50].

O entendimento não é pacífico. A orientação mais abrangente é no sentido de que a autorização constitucional para a fiscalização operacional sobre as agências reguladoras e, consequentemente, para a realização de atos de comando pelo TCU decorre da conjugação do artigo 71, inciso IV, da Constituição da República com a teoria dos poderes implícitos[51]. Sob esse argumento, a legitimidade da Corte de Contas para fiscalizar a atividade-fim dos órgãos e entidades administrativas se extrai do citado dispositivo, ainda que sejam dotados de autonomia e independência, como as agências reguladoras.

Mariana Willeman, apesar de não tratar especificamente da auditoria operacional sobre as agências reguladoras mas sobre a administração

[49] Idem, p. 259.

[50] Idem, p. 62-63.

[51] DANTAS, Bruno; GOMES, Valdecyr Maciel. A governança nas agências reguladoras: uma proposta para o caso de vacância. Revista de Informação Legislativa: RIL, Brasília, DF, v. 56, n. 222, p. 11-31, abr./jun. 2019. Disponível em: https://www12.senado.leg.br/ril/edicoes/56/222/ril_v56_n222_p11.pdf. Acesso em 07.11.2019. No mesmo sentido FERNANDES, Jorge Ulisses Jacoby. Tribunais de Contas do Brasil: jurisdição e competência. 2ªed. Belo Horizonte: Fórum, 2005, p.316.

em geral, entende que o referido dispositivo constitucional reconhece a "*accountability* de resultados" e destaca a relevância do papel do Tribunal de Contas na avaliação da performance da Administração Pública, sobretudo na identificação de fatores e circunstâncias que impeçam ou prejudiquem o seu bom desempenho, sob a perspectiva "EEE" (economicidade, eficácia e eficiência). A autora enfatiza, no entanto, que as auditorias de performance "*priorizam a lógica colaborativa e de cooperação*"[52].

Floriano Marques Neto compartilha do mesmo entendimento ao comparar os regimes de inspeção e auditoria operacional, conferindo caráter fiscalizatório à inspeção e colaborativo à auditoria operacional[53].

Sob essa perspectiva e de modo a refutar o argumento em sentido contrário, Luís Roberto Barroso entende que mesmo nas hipóteses autorizativas previstas artigo 71 da Constituição, o poder de emitir comandos por parte do órgão de controle para correção de irregularidades não abrange matérias alheias àquelas de natureza financeira, contábil ou orçamentária, sobretudo em se tratando de medidas corretivas das escolhas realizadas pelas agências reguladoras.[54]

Sob a ótica do órgão de controle, a fiscalização nestas circunstâncias estaria adstrita à análise da conformidade das minutas submetidas à sua apreciação ao ordenamento jurídico, o que a sua jurisprudência convencionou chamar de "fiscalização de segunda ordem ou de segundo grau" ou "controle de segunda ordem"[55].

[52] Idem, p. 282.

[53] Marques Neto, Floriano de Azevedo et al. Reputação institucional e o controle das Agências Reguladoras pelo TCU. Revista de Direito Administrativo, Rio de Janeiro, v. 278, n. 2, p. 37-70, set. 2019. ISSN 2238-5177. Disponível em: http://bibliotecadigital.fgv.br/ojs/index.php/rda/article/view/80048 . Acesso em: 12.11.2019. doi:http://dx.doi.org/10.12660/rda.v278.2019.80048, p. 49.

[54] In Barroso, Luis Roberto. Agências Reguladoras. Constituição, Transformações do Estado e legitimidade democrática. Temas de Direito Constitucional, Tomo II, Rio de Janeiro: Renovar, 2003, p. 296-297.

[55] "*Passo a tratar, por fim, do controle de segunda ordem. Para melhor compreensão da matéria, trago a lume as sempre abalizadas palavras do Ministro Benjamin Zymler (in Direito Administrativo e Controle. Belo Horizonte: Fórum, 2005):*

Frise-se, ademais, que a Constituição Federal expressamente atribui ao Tribunal o poder de realizar auditoria de natureza operacional, nos temos do art. 71, inciso IV. O objetivo deste tipo de auditoria vai muito além do mero exame da regularidade contábil, orçamentária e financeira. Intenta verificar se os resultados obtidos estão de acordo com os objetivos do órgão ou entidade, consoante estabelecidos em lei, e tem por fim examinar a ação governamental quanto aos aspectos da economicidade, eficiência e eficácia.

Especificamente em relação às agências, busca o Tribunal, ao realizar auditoria operacional, verificar se estão sendo atingidas as finalidades decorrentes de sua criação. Isso abrange a avaliação do cumprimento de sua missão reguladora e fiscalizadora.

Dessa forma, impõe-se ao Tribunal a fiscalização da execução dos contatos de concessão. Uma análise superficial identificaria redundância das esferas de controle, uma vez que uma das atribuições das agências é exatamente fiscalizar os contratos de concessão e de permissão e os atos de autorização de serviços públicos.

Entretanto, fica claro que o TCU exerce uma atividade fiscalizatória de segundo grau, que busca identificar se as agências estão bem e fielmente cumprindo seus objetivos institucionais, dentre os quais o de fiscalizar a prestação de serviços públicos. Deve a Corte de Contas, no desempenho de sua competência constitucional, atestar a correção da execução desses contratos. Ressalte-se, todavia, que esta ação não visa a concessionária em si, mas apenas examinar se as agências estão fiscalizando de forma adequada os contratos por elas firmados. Não deve o Tribunal substituir as agências. Deverá, apenas, zelar pela atuação pronta e efetiva dos entes reguladores, para assegurar a adequada prestação de serviços públicos à população.

Deve-se ter em mente, nessa nova concepção de Estado, e porque não dizer de controle, que o objetivo último a ser buscado é a eficiência da prestação de serviços públicos. A pronta atuação do Tribunal deve contribuir para o atingimento desse nível de excelência. (negrito acrescido, itálico no original)

Por fim, é importante esclarecer que o controle de segunda ordem se dá apenas sobre as atividades finalísticas das agências, ou seja, nas suas atividades de regulação e fiscalização. Em relação aos gastos públicos feitos pelas agências, estes estão submetidos ao crivo do TCU, tais quais os demais órgãos e entidades que integram a Administração Pública." (Acórdão 1407/2016. Ata 19/2016 – Plenário – 01.06.2016. Relator Vital do Rêgo).

3.
A Atuação do TCU nos Processos de Desestatização: Fundamentos e Críticas

3.1. A separação de poderes e o controle

O sentido nuclear do princípio da separação de poderes consagrado no artigo 2º da Constituição da República pode ser entendido como a conjugação da divisão e atribuição das funções estatais a órgãos diversos com a existência de mecanismos de controle recíproco entre eles[56]. A ideia de separação ou de tripartição de poderes é reconhecida como um dos pilares do Estado de Direito. Trata-se de princípio político vinculado à noção de liberdade[57] entendido como *"princípio de organização óptima das funções estatais"*[58] em razão do reconhecimento de um núcleo essencial de competência de cada órgão.

Do princípio da separação de poderes se extraem os seguintes corolários: *"a especialização funcional e a necessidade de independência orgânica de cada um dos Poderes em face dos demais"*[59]. A primeira se entende como a titularidade de competências privativas por cada Poder, ao passo que a segunda exige a presença de três requisitos: (i) a mesma pessoa não poderá ser

[56] Barroso, Luís Roberto. Curso de Direito Constitucional Contemporâneo: os Conceitos Fundamentais e a Construção do Novo Modelo. São Paulo: Saraiva, 2009, p. 173.

[57] Sobre um breve histórico da problemática da separação ou divisão de poderes comparando as visões de Montesquieu, Locke e Rousseau: v. Miranda, Jorge. Formas e Sistemas de Governo. Rio de Janeiro: Forense, 2007, p. 56-64 e Souza Neto *et alli.* Cláudio Pereira de. Teoria da Constituição. Estudos sobre o lugar da Política no Direito Constitucional. Rio de Janeiro: Lumen Juris, 2003, p. 151-165.

[58] Miranda, Jorge. Formas e Sistemas de Governo. Rio de Janeiro: Forense, 2007, p. 63.

[59] In Silva, José Afonso. Curso de Direito Constitucional Positivo. São Paulo: Malheiros, 2001, p. 113.

membro de mais de um Poder ao mesmo tempo; (ii) um Poder não pode destituir os integrantes de outro "por força de decisão exclusivamente política"[60]; e (iii) a cada Poder são atribuídas, além de suas funções típicas, outras funções (atípicas), como reforço de sua independência frente aos demais Poderes.[61]

O Poder Legislativo assume a função de protagonista no Estado de Direito. O poder estatal é exercido em nome da Nação e tem a lei como seu fundamento basilar. Nesse período em que vigora a primazia da legalidade, a Administração Pública se restringe a "executar a vontade da lei", não há margem para qualquer ingerência por parte do gestor, considerando que há um mínimo espaço para a escolha administrativa.

Com o passar do tempo[62], constata-se que a gestão burocrática fundada na legalidade estrita não é eficiente, tendo em vista que os comandos legais não são suficientes para atender o clamor social numa sociedade dinâmica e diante das constantes transformações sociais[63].

No modelo atual do Estado policêntrico, as funções atribuídas aos Poderes Executivo, Legislativo e Judiciário não se limitam às funções exclusivamente executiva ou administrativa, legislativa e jurisdicional, vez que seus órgãos exercem também funções atípicas[64]. Inclusive, de acordo com Bruce Ackerman, a separação de poderes contemporânea

[60] Considerando o *impeachment* da Presidente Dilma Roussef esta vedação prevista na doutrina foi colocada entre aspas.

[61] In Barroso, Luís Roberto. Idem, p. 174.

[62] Sobre o tema, sugere-se a leitura de Sabino Cassese, ao tratar das transformações do direito administrativo entre os séculos XIX e XXI e seus impactos no cenário da globalização jurídica. (*In* Cassese, Sabino. La globalización jurídica. Madri: Marcial Pons, 2006, p. 183-188)

[63] Como pondera Carlos Ari Sundfeld: "(...) a experiência foi mostrando gargalos e insuficiências, o que levou ao paulatino enriquecimento do direito administrativo com outras técnicas. (...) A figura do administrador como braço mecânico do legislador era capaz, talvez, de descrever um pouco do Executivo imaginado nos primórdios. Mas não é boa figura para explicar a Administração multifuncional da experiência jurídica histórica, que foi aparecendo aos poucos". (*In* Direito Administrativo para Céticos. São Paulo: Malheiros, 2012)

[64] Moreira Neto, Diogo de Figueiredo. O Novo Tribunal de Contas: órgão protetor dos direitos fundamentais. Alfredo José de Souza *et alli*. 3ª ed. Belo Horizonte: Fórum. 2005, p. 106.

exige um maior aprofundamento da discussão a respeito do papel do Judiciário e das agências reguladoras[65]. Confira-se:

> "O conjunto de reflexões acumuladas é, em meu entendimento, um recurso precioso na construção de uma nova separação dos poderes no século XXI. (...) Por mais que eles falem 'de uma quarta instância do Estado' eles não levam esta metáfora suficientemente a sério, a ponto de considerar como uma constituição moderna, ao contrário de leis com a Lei de Procedimentos Administrativos, deveria ser projetada para isolar certas estruturas burocráticas fundamentais de intervenção *ad hoc* de políticos e forçar os políticos a enfocar suas energias nas atribuições que somente eles podem desempenhar legitimamente em uma democracia moderna: aprovar leis e tomar (algumas poucas) determinadas decisões de grande visibilidade, que genuinamente necessitem de diplomacia e sabedoria prática."

Esse debate é relevante para se atribuir, de forma clara, o papel das agências neste modelo atual do Estado de Direito, vinculado à ideia de separação e ordenação institucional das funções estatais. Como pontua Alexandre Aragão, à margem da visão tradicional da divisão tripartite de poderes "*também entram em jogo a configuração de unidades de decisão e órgãos coletivos, a autonomização de instituições específicas não submetidas a instruções e a constituição de instâncias de controle tampouco submetidas a instruções*"[66].

Nesse aspecto, o ideal de especialização ou profissionalismo do regulador serve como um novo vetor que legitima a divisão entre as funções estatais[67] e mais, ao retirar das funções estatais clássicas as competências

65 ACKERMAN, Bruce. A Nova Separação de Poderes. Trad. Isabelle Maria Campos Vasconcelos e Eliana Valadares Santos. Rio de Janeiro: Lumen Juris, 2009, p. 69-70. No mesmo sentido sobre a incompatibilidade da teoria da tripartição de poderes e o papel das agências reguladoras, v. CAROLAN, Eoin. The Problems with the Theory of the Separation of Powers. The University College Dublin (UCD) – School of Law, 2009. Disponível em SHRN: http://ssrn.com/abstract=1889304 . Acesso em 02.11.2019

66 ARAGÃO, Alexandre Santos de. Agências reguladoras e a evolução do direito administrativo econômico. 2ª ed. Rio de Janeiro: Forense, 2006, p. 374.

67 CYRINO, André. Direito Constitucional Regulatório – elementos para uma interpretação constitucionalmente adequada da Constituição econômica brasileira. Rio de Janeiro: Renovar, 2010, p. 232-234.

complexas que lhes são inerentes, as agências reguladoras acabam por fortalecer o Estado de Direito, ao atenuar a concentração de poderes na Administração Pública central[68], que poderá voltar sua atenção para o atendimento de outras prioridades.

O conceito de regulação agrega diferentes funções e poderes administrativos. A agência reguladora acumula funções típicas de naturezas distintas (normativa, fiscalizatória e adjudicatória) consistindo em um Estado Administrativo "em si mesma"[69].

Como esclarece Alexandre Aragão, a autonomia no exercício de competências setoriais é necessária para que a agência reguladora seja caracterizada como independente, para atuar com liberdade, sobretudo na esfera normativa[70].

A burocracia vai adquirindo relevância e, por força desse acúmulo de funções "*quase-legislativas, quase-judicantes e quase-executivas*", surgem riscos que são passíveis de controle, tais como eventuais influxos políticos sobre as decisões ou escolhas regulatórias, de modo que a agência venha, por exemplo, a beneficiar determinada região (contrariando diretriz específica do Poder Executivo) ou, ainda, por escolha que configure algum tipo de abuso econômico em razão de captura[71] do regulador por interesse de agente regulado. Neste aspecto, ganha relevância o papel do TCU como autoridade independente que exerce o controle externo da Administração Pública.

[68] Aragão, Alexandre Santos de. Agências reguladoras e a evolução do direito administrativo econômico. 2ª ed. Rio de Janeiro: Forense, 2006, p. 376.

[69] A meu ver, há um problema nesta situação posta, pois se a própria agência dita as regras que executa, ela controla a si mesma. Adotando-se como premissa a linha de pensamento de Montesquieu, impõe-se que haja limitações, no modelo da separação de poderes, para que não ocorra abuso. Sob esse ângulo, entende-se pertinente que haja uma instituição controlando os atos das agências – no caso, o TCU.

[70] Idem, p. 370.

[71] Sobre a teoria da captura ou dos grupos de interesse, v. Stigler, George J. The Theory of Economic Regulation. The Bell Journal of Economics and Management Science, Vol. 2, n. 1, 1971, pp. 3-21. Disponível em: http://www.jstor.org/stable/3003160. Acesso em 21.03.2018. Posner, Richard A. The Bell Journal of Economics and Management Science, Vol. 5, n. 2, 1974, pp. 335-358. Disponível em: https://www.jstor.org/stable/3003113 . Acesso em 21.03.2018.

A doutrina, inclusive, resgata a teoria dos "poderes ou funções neutrais"[72] para legitimar o papel do órgão de controle nessa nova realidade, que não comporta apenas uma visão clássica da tripartição de poderes. A função neutral de zeladoria e controle é atribuída aos Tribunais de Contas, sobretudo pelo fato de que os "*aparelhos parlamentares foram perdendo condições em termos de tempo e de técnica – para exercerem suas importantes funções de controle, que por tradição de há muito desempenhavam*"[73].

Em relação a determinadas particularidades das funções neutrais no cenário institucional contemporâneo, Mariana Willeman destaca tanto a qualificação técnica (*expertise*) como a imparcialidade das autoridades independentes em relação aos interesses em jogo na sua esfera de atuação. Além de associar a função exercida pelos Tribunais de Contas ao campo das funções neutrais, por reconhecer sua autonomia e independência em relação aos demais poderes do Estado[74], a autora entende que a função das agências reguladoras também é compatível com a citada teoria.

Nesse cenário institucional em que se vislumbram autoridades autônomas e independentes exercendo atividade de regulação e controle, a adoção de mecanismos de contenção de poder se justifica, à luz do sistema de freios e contrapesos.

Feitas estas digressões iniciais, passa-se ao estudo do controle propriamente dito e suas peculiaridades.

A definição de controle que se adota como premissa para este estudo é a de Odete Medauar, no sentido de "*verificação da conformidade de uma*

[72] ARAGÃO, Alexandre Santos de. O controle da constitucionalidade pelo Supremo Tribunal Federal à luz da Teoria dos Poderes Neutrais, Revista da Procuradoria Geral do Estado, v. 57, 2003, p. 32. Disponível em: https://pge.rj.gov.br/revista-de-direito/2003-volume-57. Acesso em 05.11.2019.

[73] MOREIRA NETO, Diogo de Figueiredo. Poder, Direito e Estado. O Direito Administrativo em tempos de globalização. Belo Horizonte: Fórum, 2011, p. 86.

[74] Sobre a independência dos Tribunais de Contas em relação ao Poder Legislativo: TORRES, Ricardo Lobo. Tratado de Direito Constitucional Financeiro e Tributário. O Orçamento na Constituição. 3ª ed. Rio de Janeiro: Renovar, 2008, p. 487-488. SOUSA *et al.*, Alfredo José de (Org). O Novo Tribunal de Contas: órgão protetor dos direitos fundamentais. 3ª ed. Belo Horizonte: Fórum. 2005, p. 73. MEDAUAR, Odete. Direito Administrativo Moderno. 18ª ed. São Paulo: Editora Revista dos Tribunais, 2014, p. 441.

atuação a determinados cânones"[75], ou seja, exercer o controle sobre a atividade administrativa ou sobre um contrato administrativo consiste na verificação da conformidade da ação ou do contrato com determinados parâmetros, sejam eles legais, infralegais ou procedimentais.

O controle interno pode ser exercido diretamente pela Administração Pública[76] e o controle externo, pelos Poderes Judiciário e Legislativo, sendo que este último é exercido, primordialmente, pelo Tribunal de Contas.[77]

Há que se reconhecer o aspecto positivo da atuação do TCU, no sentido de que Administração Pública pode cometer erros e a função do órgão de controle seria fornecer os *inputs* necessários para um desempenho em conformidade com o Direito e viável economicamente, considerando os recursos públicos existentes no momento da tomada da decisão pelo gestor. Afinal, o controle é considerado um instrumento de aperfeiçoamento da Administração Pública.

Nessa linha de raciocínio, impõe-se uma atuação mais colaborativa do órgão de controle com o gestor público ou com o regulador, a despeito de haver orientação em sentido contrário, sustentando que o controle externo exercido pelo Tribunal de Contas visa unicamente a verificação, fiscalização e correção de atos[78].

O problema que se verifica no posicionamento apontado acima é que o órgão de controle também está sujeito a erros. É possível, por exemplo, que, ao fiscalizar uma decisão da Administração Pública e, por consequência, da agência reguladora, imponha a correção de uma medida que, na verdade, seria acertada. Ou, pior, diante de situações difíceis, de lacunas ou de outras questões em que o Direito sequer determina como o gestor/regulador deve agir ou decidir, por qual razão o Tribunal de Con-

[75] MEDAUAR, Odete. Controle da Administração Pública. 3ªed. São Paulo: Editora Revista dos Tribunais, 2014, p. 26.

[76] É a chamada autotutela administrativa que confere a Administração Pública o poder de revogar ou anular seus próprios atos, consoante prevê a Súmula 473 do STF.

[77] Como definido nos artigos 70 da CRFB e 113 da Lei nº 8.666/1993.

[78] FERNANDES, Jorge Ulisses Jacoby. Tribunais de Contas do Brasil: jurisdição e competência. 2ª ed. Belo Horizonte: Fórum, 2005, p. 99.

tas seria a instituição apta a fazer a correção ou a escolha, em substituição ao regulador?

Como já se abordou previamente, a amplitude dos parâmetros de fiscalização previstos constitucionalmente culmina com o uso indiscriminado do poder normativo do órgão de controle, conferindo-lhe o que se convencionou chamar de autolegitimação de poder para "corrigir" os atos ou contratos administrativos.

Por um lado, há quem sustente que a atuação do órgão de controle não pode se restringir à análise de conformidade e legalidade de atos e procedimentos administrativos[79] – há, inclusive, uma crescente demanda social em favor da atuação do TCU no controle dos atos da agências reguladoras, mediante a realização de auditorias, a pedido do Congresso Nacional, por solicitação dos envolvidos no processo de regulação, de prestadores de serviço, licitantes, do Poder Executivo e até do próprio regulador[80].

Por outro, há quem defenda que o controle da Corte de Contas é necessário para o aprimoramento e fortalecimento da atuação das agências reguladoras, principalmente em termos de governança[81]. Nessa linha de raciocínio, entendem que situações como a demora na indicação de dirigentes no caso de impedimento ou vacância, as falhas nos mecanismos para a divulgação de suas ações, a baixa participação da sociedade nas suas decisões ou a falta de gerenciamento dos riscos e de análise do impacto regulatório são elementos que comprometem a atividade regulatória.

[79] Neste sentido, Seabra Fagundes afirma que o controle financeiro exercido pelo Tribunal de Contas, se adstrito à legalidade, é meramente formal. (*In* Fagundes, Seabra. Reformas essenciais ao aperfeiçoamento das instituições políticas brasileiras. Revista de Direito Administrativo. Edição Comemorativa 2014. Rio de Janeiro, p. 87-109, dez/2013, p. 101.

[80] Rodrigues, Walton Alencar. O controle da regulação no Brasil. Revista do Tribunal de Contas da União. Edição Especial nº 104, abr/jun 2005, p. 7. Disponível em: https://revista.tcu.gov.br/ojs/index.php/RTCU/issue/view/29 .Acesso em 30.09.2019.

[81] Dantas, Bruno; Gomes, Valdecyr Maciel. A governança nas agências reguladoras: uma proposta para o caso de vacância. Revista de Informação Legislativa: RIL, Brasília, DF, v. 56, n. 222, p. 11-31, abr./jun. 2019. Disponível em: https://www12.senado.leg.br/ril/edicoes/56/222/ril_v56_n222_p11.pdf . Acesso em 07.11.2019.

Tais elementos, extraídos de auditoria operacional realizada sobre diferentes agências reguladoras[82], indicariam, além de uma fragilidade na governança daquelas entidades, a redução de sua reputação institucional, o que, em tese, justificaria uma postura não deferente do Tribunal de Contas às decisões regulatórias[83]. Tal argumento, desenvolvido pelo Ministro Bruno Dantas, não nos parece acertado, por se tratar de um critério eminentemente subjetivo. Explica-se.

A reputação institucional da agência constitui o "*conjunto de crenças sobre a capacidade de organização, intenções, história e missões de uma instituição em meio à sua audiência*"[84]. Trata-se de condição determinante para definir o seu grau de autonomia e discricionariedade perante outras instituições.

A partir da compreensão do significado da locução, como aferir os níveis de reputação institucional da agência frente ao Tribunal de Contas sem, ao menos, ser realizada uma análise comparativa entre as instituições? Aliás, a agência reguladora é órgão da Administração indireta vinculada ao MME e, consequentemente, ao Poder Executivo. A comparação institucional se faz entre o TCU e o Poder Executivo ou entre TCU e ANP?

Quais critérios são utilizados para a avaliação do grau de reputação da agência: maior tempo de atuação no setor, maior índice de autuações ou de efetividade nas fiscalizações, maior produção normativa ou de participação popular nas suas decisões, índice de realização de AIRs, qualificação técnica de seus dirigentes?

Observe-se que há uma infinidade de critérios que podem ser inerentes à atuação regulatória, mas, sem uma procedimentalização adequada, uma vez escolhidos os critérios pertinentes, como medi-los para fins de categorização da reputação institucional da agência? A partir da classifi-

[82] Acórdão 240/2015 - Plenário.

[83] Disponível em: https://www1.folha.uol.com.br/mercado/2018/08/tcu-interfere--mais-em-agencias-com-governanca-pobre-diz-ministro-do-tribunal.shtml . Acesso em 13.08.2019.

[84] Marques Neto, Floriano de Azevedo et al. Reputação institucional e o controle das Agências Reguladoras pelo TCU. Revista de Direito Administrativo, Rio de Janeiro, v. 278, n. 2, p. 37-70, set. 2019. ISSN 2238-5177. Disponível em: http://bibliotecadigital.fgv.br/ojs/index.php/rda/article/view/80048 . Acesso em: 12.11.2019. doi:http://dx.doi.org/10.12660/rda.v278.2019.80048, p. 39.

cação por um único critério de maior peso ou de um conjunto de critérios com diferentes pesos estabelecidos para cada? Um ranqueamento, feito de acordo com a classificação anterior e o peso atribuído a cada um dos critérios, permitiria conferir às instituições maior ou menor reputação? Entende-se que inúmeras são as respostas necessárias para que essa aferição venha a ser concretizada.

Como bem acentua Eduardo Jordão, mesmo nas jurisdições mais adeptas à deferência, como os EUA e Canadá, limita-se o realismo do controle "*restringindo o leque de características institucionais que são de fato levadas em consideração para fins de determinação da intensidade do controle. As circunstâncias oficialmente relevantes são sempre objetivamente aferíveis.*"[85]

Em síntese, a ordem constitucional autoriza a Corte de Contas a analisar a conformidade dos atos e contratos da Administração Pública com os parâmetros legais, infralegais e procedimentais (o que é concebido como definição de controle nesta pesquisa). Assim, uma vez verificada a existência de ilegalidades dessa natureza, nada impede que o TCU produza ordens corretivas, diga-se, os produtos de fiscalização de cunho interventivo (constitutivos ou desconstitutivos de direitos). Contudo, sustenta a doutrina que há uma limitação material para exercer esses atos de comando, qual seja, no âmbito da gestão financeira, orçamentária, contábil e patrimonial da Administração Pública.

3.2. Críticas ao controle exercido pelo TCU: o espaço de atuação do órgão de controle e seus limites.

Os pais, na educação e formação dos filhos orientam, fiscalizam, supervisionam, aplicam punições (os tão questionados "castigos") e até, diga-se, interferem nas suas escolhas, afinal, por serem mais experientes, "sabem o que é certo". Pode-se dizer que esse viés paternalista, de certa forma, vem sendo empregado pelos órgãos de controle em relação às agências reguladoras. Entende-se que a Corte de Contas tende a exercer um controle mais intenso na "infância", ou seja, nos primeiros anos de criação das agências, e, conforme vão adquirindo "maturidade", melhor dizendo, boas condições de governança ou maior reputação institucional, esse

[85] Disponível em: http://www.agenciainfra.com/blog/infradebate-mais-deferencia-para--agencias-com-melhor-reputacao/ Acesso em 13.08.2019.

controle vai se diluindo. Contudo, as agências reguladoras, distintamente das crianças, já nascem com autonomia conferida por lei. Portanto, pode-se dizer que o papel do órgão de controle não deveria ficar mais tênue com o tempo – de fato, sua atuação deve se sujeitar a limites desde a origem da agência.

Essa metáfora é interessante para abordar a forma como as ações do TCU têm sido conduzidas na fiscalização da atividade das agências. Observe-se que mesmo quem detém o poder de controlar deve atuar em conformidade com determinados parâmetros, sejam legais, infralegais ou procedimentais. Como delimitar esse espaço de atuação, diante da vagueza e amplitude dos conceitos de legitimidade, eficiência e economicidade, constitucionalmente elencados como parâmetros de fiscalização? Como aferir a intensidade do controle que é exercido sobre as escolhas da agência reguladora?

É importante ter em mente a ideia de que o controle, apesar de ser um mecanismo voltado ao aperfeiçoamento da Administração Pública, não se restringe a "corrigir" os atos do gestor público, seja para puni-lo ou para anular seus atos. O controle, em conformidade com o Estado Democrático de Direito, deve ser responsivo e de viés pragmático ou consequencialista[86], ou seja, o órgão de controle deve se preocupar com os efeitos concretos de sua tomada de decisão – e com maior razão se o comando se destinar à correção de escolha regulatória da agência (presumidamente dotada de maior capacidade institucional para proferir decisão de conteúdo tecnicamente complexo).

A questão da intensidade do controle, por sua vez, já foi enfrentada no que diz respeito à atuação dos tribunais perante a Administração Pública. Como destaca Eduardo Jordão, o julgador avalia a conformidade da ação administrativa ao Direito[87]. Dado o grau de subjetividade de decisões dessa natureza, cada decisor exercerá o controle com maior ou menor

[86] MARQUES NETO; Floriano de Azevedo. Os grandes desafios do controle da Administração Pública. Fórum de Contratação e Gestão Pública – FCGP, Biblioteca Digital Fórum de Direito Público. Belo Horizonte, ano 9, nº 100, p. 7-30, abr. 2010, Disponível em: https://www.editoraforum.com.br/wp-content/uploads/2016/10/desafios-controle.pdf . Acesso em 09.08.2019.

[87] Idem, p.38.

rigor, ao avaliar se o ato ou a conduta do gestor está de acordo com o ordenamento jurídico.

No mesmo sentido entende Gustavo Binenbojm, ao afirmar que "*a definição da densidade do controle não segue uma lógica puramente normativa (...), mas deve atentar também para os procedimentos adotados pela Administração e para as competências e responsabilidades dos órgãos decisórios (...)*[88]".

Apesar de não ser dotado de atribuição jurisdicional[89], entende-se que esse mesmo raciocínio pode ser utilizado no processo de fiscalização da Corte de Contas sobre as decisões da ANP. Os produtos de fiscalização do órgão de controle, como atos de natureza corretiva, impõem uma obrigação de fazer positiva ou negativa a terceiros, ou seja, o TCU "*edita atos constitutivos ou desconstitutivos de direitos e emite ordens capazes de produzir efeitos jurídicos concretos e imediatos*".[90]

O grau de intensidade da decisão do TCU varia de acordo com teor de seus comandos, ou seja, os produtos da fiscalização tanto podem ser mais intensos (no sentido de anular um ato ou desconstituir um negócio jurídico) como menos intensos (ao entender que a atuação da Administração foi manifestamente irrazoável, afastá-la e apresentar a motivação adequada para a adoção de alternativa menos gravosa).

Como se pode observar dos acórdãos pesquisados, o que será mais detalhado no capítulo seguinte, os comandos corretivos impostos pelo TCU vão desde "recomendações" nas auditorias operacionais, para ajustes na estruturação organizacional interna e na elaboração de manuais de

[88] Binenbojm, Gustavo. Uma teoria do Direito Administrativo: direitos fundamentais, democracia e constitucionalização. Rio de Janeiro: Renovar, 2006, p. 224. O autor sustenta ainda que a *expertise* e a experiência das entidades da Administração em determinadas matérias podem ser decisivas para a definição da espessura do controle.

[89] A questão não é pacífica há autores que sustentam pela atribuição jurisdicional do Tribunal no julgamento de contas como Fernandes, Jorge Ulisses Jacoby. Tribunais de Contas do Brasil: jurisdição e competência. 2ªed. Belo Horizonte: Fórum, 2005, p. 147-148. Em sentido contrário, Medauar, Odete. Controle da Administração Pública. 3ªed. São Paulo: Editora Revista dos Tribunais, 2014, p. 154 e Britto, Carlos Ayres. *In* Sousa et al., Alfredo José de. O Novo Tribunal de Contas: órgão protetor dos direitos fundamentais. 3ª ed. Belo Horizonte: Fórum. 2005, p. 68.

[90] Rosilho, André. Tribunal de Contas da União: Competências, Jurisdição e Instrumentos de Controle. São Paulo: Quartier Latin, 2019, p. 215.

atividade para aprimorar a fiscalização, até a ameaça de suspender determinada rodada de licitação por não ter sido editado ato normativo, ou mesmo a imposição de medida cautelar para determinar a separação de blocos ofertados e obrigar a realização do certame sob regime distinto daquele escolhido pela ANP.

O que se observa na atualidade é uma tendência à atuação mais ativa dos órgãos de controle, decorrente de uma preocupação envolvendo os recentes episódios de corrupção em matéria de contratações públicas[91]-[92].

Floriano Marques Neto denomina essa tendência expansionista de "autonomização do controle" que, por um lado, se preocupa em reforçar os mecanismos de controle e de responsabilização, mas por outro, acaba por se afastar do compromisso com os seus efeitos e com os objetivos das instituições de controle[93]. Essa tendência atribui o órgão de controle um poder de interferir na atividade-fim do ente administrativo sem lhe atribuir, como contrapartida, a responsabilidade pelo seu resultado, ou seja, ao substituir a decisão do gestor ou do regulador (por uma ordem de natureza corretiva) que entende como mais acertada, não responde

[91] https://www.valor.com.br/politica/3700848/empresas-da-lava-jato-podem-ser-enquadradas-na-lei-anticorrupcao ; http://g1.globo.com/economia/noticia/2014/01/lei-anticorrupcao-entra-em-vigor-nesta-quarta-espera-de-regras.html ; https://www.jornaldocomercio.com/site/noticia.php?codn=152636

[92] Inclusive, a ausência de um sistema normativo integrado delimitando cada uma das atribuições dos entes da Administração Pública Federal pode ter contribuído para eventos de sobreposição de competências entre a CGU, o MPF e o TCU. Em se tratando de crimes tão repudiados pela sociedade, todos esses atores querem ver destacado e reconhecido o papel de cada um desempenhado no combate à corrupção, houve um verdadeiro "cabo de guerra" entre essas diferentes autoridades públicas, que não passou despercebido e foi amplamente veiculado na imprensa: https://www.valor.com.br/politica/3919386/mp-quer-impedir-acordos-entre-cgu-e-empresas-investigadas-na-lava-jato ; https://www.valor.com.br/politica/3919752/tribunais-de-contas-veem-risco-de-cartel-da-leniencia-no-pais ; https://www.valor.com.br/politica/3973988/galvao-engenharia-tem-acordo-de-leniencia-sob-analise-do-tcu ; https://www.valor.com.br/politica/4009508/tcu-autoriza-acordos-de-leniencia

[93] Marques Neto; Floriano de Azevedo. Os grandes desafios do controle da Administração Pública. Fórum de Contratação e Gestão Pública – FCGP, Belo Horizonte, ano 9, nº100, p.7-30, abr.2010.

pela ineficácia da decisão substitutiva que seja desprovida da análise dos efeitos concretos ou das consequências práticas da decisão na sociedade.

Diante disso, foi editada a Lei nº 13.655/18, que alterou o Decreto-Lei nº 4.657, de 4 de setembro de 1942 (Lei de Introdução às Normas do Direito Brasileiro – "LINDB"), com o propósito de garantir maior segurança jurídica e eficiência na criação e na aplicação do direito público. No presente caso, a LINDB reforça a preocupação que o órgão de controle deve ter com a valoração das consequências práticas de sua decisão no caso concreto[94].

Outro debate que surge, no tocante aos meios de limitação do controle exercido sobre as agências reguladoras, reside na defesa do argumento das capacidades institucionais.

Diante de conflitos envolvendo diferentes instituições, em especial, aqueles relativos à interpretação e aplicação de decisões de agência reguladora, em que a tecnicidade e *expertise* são inerentes ao processo de escolha, observa-se que, diante de questão posta perante o STF, o argumento das capacidades institucionais e a doutrina da deferência são métodos que tem sido usualmente aplicados para a solução de casos concretos[95],

[94] SCHUARTZ, Luis Fernando. Consequencialismo jurídico, racionalidade prática e malandragem. Revista de Direito Administrativo, Rio de Janeiro, v. 248, p. 130-158, mai. 2008, p. 131. ISSN 2238-5177. Disponível em: http://bibliotecadigital.fgv.br/ojs/index.php/rda/article/view/41531. Acesso em: 05.04.2019. doi: http://dx.doi.org/10.12660/rda.v248.2008.41531. Sobre o tema ver também LEAL, Fernando. Inclinações pragmáticas no Direito Administrativo: nova agenda, novos problemas. In Transformações do direito administrativo: consequencialismo e estratégias regulatórias. LEAL, Fernando Angelo Ribeiro; MENDONÇA. José Vicente Santos de (Orgs). Rio de Janeiro: Escola de Direito do Rio de Janeiro da Fundação Getulio Vargas, 2018 e MENDONÇA, José Vicente Santos de. Dois futuros e meio para o projeto de lei do Carlos Ari. In Transformações do direito administrativo: consequencialismo e estratégias regulatórias. LEAL, Fernando Angelo Ribeiro; MENDONÇA. José Vicente Santos de (Orgs). Rio de Janeiro: Escola de Direito do Rio de Janeiro da Fundação Getulio Vargas, 2018.

[95] A respeito da questão, citem-se como exemplos dois julgados do STF que utilizaram o argumento das capacidades institucionais para prestar deferência à decisão da agência reguladora: (i) ADI 5501/DF. No caso conhecido como o da "pílula do câncer", apesar de não ter sido objeto de debate na Corte, identificamos como efeitos sistêmicos que poderiam ser avaliados pelos Ministros: o possível abandono de tratamento convencional pelos pacientes, dos custos no fornecimento pelo Estado da substância inócua ou maléfica e a res-

mas nem sempre observando, na íntegra, os requisitos propostos por Sunstein e Vermeule em conhecido artigo.

A expertise institucional superior das agências, em tese, justifica o respeito das decisões judiciais às escolhas administrativas e, fora do contexto das interpretações legislativas (base da doutrina *Chevron*), o controle judicial também é deferente diante de questões tecnicamente complexas[96].

Entende-se relevante, neste ponto, discorrer brevemente sobre o fenômeno conhecido como a "virada institucional", que se extrai da obra de Sunstein e Vermeule[97] para, em seguida, tentar aplicar a teoria à dinâmica entre o TCU e a ANP.

De acordo com os autores, as questões sobre interpretação jurídica, em geral, são debatidas em um plano demasiadamente abstrato. A adoção de premissas interpretativas com base no sentido de *democracia, constitucionalismo* ou mesmo a *natureza* do direito, das leis e da linguagem, acabam por criar ideais para se chegar ao resultado mais socialmente desejável e pouco se preocupam com a especificação de critérios para que a decisão judicial alcance os melhores resultados no processo de interpretação.

Sunstein e Vermeule propõem que a atividade interpretativa seja iniciada por uma análise estrutural interna, ou seja, na investigação sobre a melhor forma de interpretação de um dispositivo legal ou constitucional: a pergunta mais acertada não seria como interpretar o texto, antes

ponsabilidade civil do Estado. Em 2017, foi demonstrado que dentre 73 pacientes apenas 1 apresentou resultado positivo parcial e a pílula passou a ser distribuída como suplemento alimentar; e (ii) ADI 4874/DF. No caso conhecido como o dos "aditivos" (aromatizantes e flavorizantes) em cigarros, os possíveis efeitos sistêmicos seriam o aumento de consumo do cigarro aditivado pelos mais jovens, os custos com o tratamento de "novos fumantes" pela saúde pública e custos gerados para a indústria com o aumento da informalidade.

96 JORDÃO, Eduardo. Controle judicial de uma administração pública complexa: a experiência estrangeira na adaptação da intensidade do controle. São Paulo: Malheiros, 2016, p.144.

97 SUNSTEIN, Cass; VERMEULE, Adrian. Interpretation and Institutions. The University of Chicago Law & Economics, J.M. Olin Working Paper, Ne 156, 2002; University of Chicago Public Law Theory Working Paper n. 28. Disponível em: http://ssrn.com/abstract_id=320245 Acesso em 24.12.2018.

importando aferir as capacidades e limitações do intérprete, julgador ou do tomador da decisão no desempenho da atividade de interpretação.

Em síntese, a teoria das capacidades institucionais não se preocupa com a forma como o texto deve ser interpretado, priorizando a determinação das capacidades e das limitações do intérprete. Cabe a esses atores questionar, antes de iniciar o processo interpretativo, se têm habilidades, recursos, informações e condições para tomar a decisão.

Segundo Fernando Leal e Diego Werneck[98], as grandes teorias decisórias, ao tratarem de institutos abstratos como justiça e moral, subestimam ou superestimam o papel do legislador ou do juiz. Essa situação gera distorções entre o que é pretendido pela teoria e o resultado prático obtido pelo intérprete, no caso, o juiz, o que demonstra que esse agente é passível de falhas[99]. Há que se ter em mente que o intérprete, o tomador de decisão e o julgador são agentes reais, não ideais.

O agente real, ao se deparar com um caso difícil, deverá, antes de decidir, avaliar a sua capacidade e seus limites institucionais (e das outras instituições envolvidas), para entender a questão debatida e os resultados sistêmicos das possíveis decisões e, assim, aferir se a sua instituição é a mais adequada para solucioná-lo[100].

Estes resultados sistêmicos – ou efeitos dinâmicos da decisão – consistem na avaliação das consequências da abordagem estratégica a ser

[98] LEAL, Fernando. Consequencialismo, racionalidade e decisão jurídica: o que a teoria da decisão e a teoria dos jogos podem oferecer? Direito e economia: diálogos. Coordenação: Armando Castelar Pinheiro, Antonio J. Maristrello Porto, Patricia Regina Pinheiro Sampaio. Rio de Janeiro: FGV Editora, 2019, p. 90.

[99] De acordo com Sustein e Vermeule, "(...) *an extraordinary variety of distinguished people have explored interpretive strategies without attending to the fact that such strategies will inevitably be used by fallible people and with likely dynamic effects extending far beyond the case at hand*". O texto critica o "juiz Hércules" idealizado por Ronald Dwokin (*In* DWORKIN, Ronald. Law's Empire. Cambridge: Harvard University Press, 1986).

[100] SUNSTEIN, Cass; VERMEULE, Adrian. Interpretation and Institutions. The University of Chicago Law & Economics, J.M. Olin Working Paper, Ne 156, 2002; University of Chicago Public Law Theory Working Paper n. 28, p. 950. Disponível em: http://ssrn.com/abstract_id=320245 Acesso em 24.12.2018.

realizada relativamente aos atores públicos e privados[101] e, em especial, no grau de incerteza da decisão que é introduzida no sistema jurídico[102].

Pelos efeitos dinâmicos permite-se *"comparar os custos de cada instituição que poderia dar uma resposta ao problema (...) todos esses custos e efeitos dinâmicos devem ser avaliados no agregado, de forma a comparar os efeitos totais de cada estratégia de tomada de decisão judicial"*[103].

Jeff King[104] entende que a abordagem institucional deve se preocupar sempre com os efeitos sistêmicos e propõe as seguintes técnicas:

> "Quanto maior a incerteza e o conflito entre princípios, maior o exercício de auto contenção;
> Quanto mais elaborada a argumentação da questão pela instância inferior, maior a deferência dos Tribunais (menos custos e maior previsibilidade);
> A elaboração de princípios deve ser mais cautelosa conforme o problema. Se possível, deve-se tentar evitar a generalidade indevida destes *standards*."

A despeito da relevância do argumento desenvolvido até aqui, o problema da aplicação "às cegas" da teoria das capacidades institucionais reside no fato de que, diante da realidade nacional, a adoção do argumento baseado em dados limitados não necessariamente garante que a agência reguladora, simplesmente por ser dotada de profissionalismo e expertise, terá maior capacidade institucional para decidir. Daniel Kahneman[105], inclusive, reconhece os vieses cognitivos que se originam da confiança em heurísticas de julgamento. Explica-se.

[101] CUNHA. Luiz Filippe Esteves. Saímos do nirvana? A operacionalização do argumento das capacidades institucionais no STF. Trabalho de Conclusão de Curso apresentado na FGV Direito Rio para obtenção de grau de bacharel em Direito. 2017, p. 19.

[102] SUNSTEIN, Cass; VERMEULE, Adrian. Interpretation and Institutions. The University of Chicago Law & Economics, J.M. Olin Working Paper, Ne 156, 2002; University of Chicago Public Law Theory Working Paper n.o 28. Disponível em: http://ssrn.com/abstract_id=320245 Acesso em 24.12.2018, p. 886.

[103] Idem, p. 19.

[104] KING, Jeff A., Institutional Approaches to Judicial Restraint. Oxford Journal of Legal Studies, vol. 28, nº 3, p. 409–441, 2008.

[105] KAHNEMAN, Daniel. Rápido e devagar: duas formas de pensar. Tradução: Cassio de Arantes Leite. 1ª ed. Rio de Janeiro: Objetiva, 2012, p. 536-537.

A princípio, deve-se partir não apenas de uma avaliação casuística das habilidades e limitações da instituição a que pertence o tomador de decisão, mas deve ser investigada ainda a capacidade institucional da própria agência, respaldada em elementos empíricos e contextuais sólidos sobre o funcionamento das instituições.

Essa realidade se impõe, tendo em vista que a agência também pode sofrer forte influência política, como na indicação de diretores pelo Poder Executivo que podem sofrer interferência em suas decisões técnicas. Pode, ainda, não ser dotada de aparelhamento, treinamento ou de especialistas em número suficiente[106] para: (i) a análise adequada das questões técnica submetidas a sua apreciação; (ii) realizar audiências públicas para conferir a legitimidade necessária aos seus atos normativos ou (iii) proceder a avaliação de impacto regulatório necessária para medir a qualidade da regulação a ser proposta para o setor.

Entende-se que desconsiderar ou sequer avaliar os elementos empíricos, comparativos e sistêmicos torna a aplicação da teoria incompleta, convertendo o argumento das capacidades institucionais em mera ferramenta retórica para defender a maior capacidade da agência para decidir[107].

Outro ponto importante da teoria de Sunstein e Vermeule aplicável a este estudo diz respeito à inferior especialização funcional e experiência prática dos órgãos de controle comparativamente à qualificação técnica da ANP, bem como uma visão mais ampla de seu corpo técnico para detectar os problemas do setor petrolífero e, dentre as alternativas possíveis, escolher as soluções que mais se aproximam da política definida para o setor regulado.

[106] Ribeiro, Leonardo Coelho. Presunções do Ato Administrativo, Capacidades Institucionais e Deferência Judicial a priori: um mesmo rosto, atrás de um novo veú? Revista de Direito Administrativo Contemporâneo, v. 22, jan-fev. 2016.

[107] Neste sentido, observem-se as críticas de Fernando Leal e Diego Werneck sobre o uso banal, redundante e absurdo do argumento das capacidades institucionais pelo Poder Judiciário: Arguelhes, Diego Werneck; Leal, Fernando. O argumento das "capacidades institucionais" entre a banalidade, a redundância e o absurdo. Direito, Estado e Sociedade, n.38, 2011.

Sob essa perspectiva e com respaldo na doutrina *Chevron*, que versa sobre a abordagem das Cortes relativamente à interpretação das leis pelas agências reguladoras, entende-se que o controle judicial deve ser deferente às escolhas regulatórias dotadas de razoabilidade, que não se afastem da intenção do legislador.

A despeito das críticas relativas à dificuldade de aplicação prática da teoria[108], as colocações de Sunstein e Vermeule são pertinentes quanto à necessidade de se levar em consideração a capacidade e a *expertise* da instituição de controle na avaliação da conformidade do ato administrativo submetido a sua apreciação, sobretudo diante de uma possível intervenção na tomada de decisão do gestor público.

Conclui-se, portanto, que não há atribuição ideal de competências, nos moldes do princípio da separação de poderes. O argumento de que questões técnicas seriam idealmente resolvidas por entidades administrativas especializadas e as decisões políticas seriam de atribuição do Congresso nem sempre se sustenta sem o respaldo em análises empíricas, comparativas ou sistêmicas[109].

Verificados os fundamentos que demonstram a autonomia constitucional da Corte de Contas, as críticas e os possíveis limites a sua atuação, serão brevemente analisados os procedimentos seguidos pelo TCU e pela ANP nos processos de desestatização das agências reguladoras para, em seguida, verificar se as decisões da Corte de Contas interferem nas decisões da ANP.

[108] Exigir do intérprete que considere adequadamente a capacidade de sua instituição e a capacidade do órgão que emitiu o ato analisado e, em seguida, preveja suficientemente as consequências sistêmicas de determinado método decisório para, daí, aferir qual dessas instituições seria a mais aparelhada para tomar a decisão final a respeito do significado da norma é incorrer no mesmo erro que os autores denunciam. Mais sobre o tema, v. ARGUELHES, Diego Werneck e LEAL, Fernando, Dois problemas de operacionalização do argumento de "capacidades institucionais". Revista Estudos Institucionais, [S.l.], v. 2, n. 1, p. 192-213, jul. 2016. ISSN 2447-5467. Disponível em: https://estudosinstitucionais.com/REI/article/view/40/49 . Acesso em 07.11.2018.

[109] CUNHA. Luiz Filippe Esteves. Saímos do nirvana? A operacionalização do argumento das capacidades institucionais no STF. Trabalho de Conclusão de Curso apresentado na FGV Direito Rio para obtenção de grau de bacharel em Direito. 2017, p. 21.

3.3. O procedimento para fiscalização dos processos de desestatização pelo TCU

A Lei nº 8.031/90 instituiu o Programa Nacional de Desestatização – PND. Com o advento da Lei nº 9.491/97, a Lei nº 8.031/90 foi revogada e foram alterados os procedimentos relativos ao PND, tendo a concessão de serviço público passado a ser objeto de desestatização[110].

Nesse contexto, a norma infraconstitucional reconheceu a competência da Corte de Contas para fiscalizar os processos de desestatização previstos na lei. A despeito de a concessão de atividade petrolífera não ser concessão de serviço público, o fundamento para a fiscalização do TCU reside na conjugação do art. 2º da Lei nº 9.491/97 com instrução normativa de sua lavra, que define os procedimentos que devem ser observados para a fiscalização dos processos de desestatização (Instrução Normativa TCU nº 27/98).

Assim, o artigo 7º da IN nº 27/98 divide o acompanhamento do processo de fiscalização de uma concessão, em quatro estágios: (i) 1º estágio: relatórios prévios (viabilidade técnica e econômica, estudos vinculados à outorga e impacto ambiental); (ii) 2º estágio: edital e minuta de contrato, devendo tais instrumentos se adequar ao Manual para Acompanhamento de Processos de Outorga de Concessão de Direitos de Exploração e Produção de Petróleo e Gás Natural elaborado pelo TCU; (iii) 3º estágio: habilitação; e (iv) 4º estágio: outorga.

Em sessão realizada em 20.06.2018, foi aprovado, no Plenário do TCU, o projeto de Instrução Normativa (IN 81, de 20.06.2018) que instituiu novo modelo sobre o acompanhamento dos processos de desestatização pelo Tribunal de Contas da União, revogando as IN TCU 27/1998, 46/2004 e 52/2007, tendo sido publicado em 25.06.2018.

Esclareça-se que os processos de desestatização analisados nessa pesquisa foram realizados sob a égide da IN 27/98, pois as regras estabele-

[110] Segundo Barroso, o programa de desestatização é levado a efeito por mecanismos como "(a) a alienação, em leilão de bolsas de valores, do controle de entidades estatais, tanto as que exploram atividades econômicas como as que prestam serviços públicos e (b) a concessão de serviços públicos a empresas privadas." (*In* BARROSO, Luis Roberto. Temas de Direito Constitucional, Tomo II, Rio de Janeiro: Renovar, 2003, p. 277)

cidas na nova IN 81/2018 passaram ser aplicáveis somente para os editais publicados a partir de 01.01.2019. Assim, a análise das minutas de editais e de contratos de oferta pública de blocos exploratórios e estratégicos realizadas pela ANP no âmbito dessa pesquisa, praticamente em sua totalidade, observaram o procedimento previsto na IN 27/98 – somente um único acórdão, o de nº 139/2019, foi analisado pelo TCU sob a égide na IN 81/2018, o que, no entanto, não afetou o resultado obtido nesta pesquisa.

Em linhas gerais, a IN 81/2018 institui um novo modelo de processo de desestatização realizado pelo Poder Público, voltado para o aprimoramento da dinâmica de acompanhamento das desestatizações, especificamente no tocante aos ritos processuais internos e à seletividade da atuação do TCU.

A IN 81/2018 passa a disciplinar, de forma clara, a fiscalização de processos de desestatização envolvendo as contratações de parceria público-privadas (PPP) e a outorga de atividades econômicas monopolizadas pelo Estado. Com o seu advento, se encerram os múltiplos estágios de acompanhamento dos processos na forma prevista na IN 27/1998 e se antecipam os prazos de envio de documentação para análise do TCU. Relativamente aos processos licitatórios, as minutas de edital e de contrato deverão ser encaminhadas ao órgão de controle com antecedência de 90 (noventa) dias à publicação do edital (artigos 3º e 8º).

3.4. A outorga de contrato de concessão para o exercício das atividades de exploração e produção de petróleo e gás natural (concessão de E&P). O procedimento adotado pela ANP.

A licitação para outorga da concessão de E&P obedece aos artigos 23 e 36, ambos da Lei nº 9.478/97, também conhecida como a Lei do Petróleo. A citada lei estabelece os itens que devem constar do edital (artigos 37 a 39) e define as cláusulas essenciais do contrato de concessão (artigos 43 e 44). De acordo com os artigos 23 e 36 da Lei do Petróleo, a ANP disciplinará, na forma de regulamentação específica, os procedimentos a serem adotados nas licitações de blocos destinados às atividades de exploração, desenvolvimento e produção de petróleo e gás natural (aqui denominadas de atividades de E&P).

Assim, em 12.01.99, foi editada a Portaria ANP nº 6/99 ("PANP 6/99")[111], para aprovar o regulamento sobre os procedimentos a serem adotados nas licitações de blocos para a contratação das atividades de exploração, desenvolvimento e produção de petróleo e gás natural. O artigo 4º do regulamento determinava que a licitação seria constituída das seguintes etapas: pré-qualificação; habilitação; publicação do edital; julgamento da licitação; homologação da licitação e assinatura do contrato de concessão.

No que dizia respeito à pré-qualificação, o art. 5º do regulamento dispunha que, antes da publicação do edital, poderia ser estabelecido um pré-edital, mediante aviso publicado no Diário Oficial da União e em outros jornais e publicações, com o objetivo de tornar disponíveis informações sobre a licitação de blocos e permitir a habilitação dos interessados.

No primeiro estágio, toda a documentação seria aferida pelo TCU. No segundo, apenas o pré-edital, o edital de licitação e a minuta do contrato seriam analisados, pois, em razão das particularidades das concessões de E&P, foi consolidado o entendimento na Corte de Contas de que a documentação relativa aos itens (b), (c) e (d)[112] do artigo 7º, inciso III, da IN TCU 27/98 corresponderia ao terceiro estágio e seria avaliada na fase de habilitação. No quarto e último estágio, seriam aferidos a conformidade do contrato de concessão outorgado com a minuta previamente aprovada e o resultado do leilão.

[111] O procedimento previsto no regulamento aprovado pela PANP 06/99 vigorou durante a 1ª Rodada de Licitações, tendo a PANP 6/99 sido objeto de alteração por determinação do TCU, em 15.09.99, pela PANP 105/99. É relevante esclarecer que, para cada rodada de licitação a ANP expede uma regulamentação, mediante portaria. A partir de 25.10.1999, o regulamento anexo à Portaria ANP n.º 174/99 ("PANP 174/99") passou a regular os procedimentos a serem adotados nas licitações de blocos para a contratação das atividades de E&P. Este regulamento perdurou até a 11ª Rodada quando foi objeto de alteração pela Resolução ANP nº 27/2011, atualmente vigora a Resolução ANP nº 18/2015.

[112] (b) atas de abertura e de encerramento da pré-qualificação; (c) relatório de julgamento da pré-qualificação; (d) recursos eventualmente interpostos e decisões proferidas referentes à pré-qualificação.

4. A Interferência das Decisões do TCU nas Escolhas Regulatórias da ANP: a Substituição das Escolhas Regulatórias pela Corte Tem se Acentuado ao Longo do Tempo?

4.1. A metodologia aplicada para análise empírica dos acórdãos do TCU

A análise será realizada a partir do levantamento de acórdãos relacionados com o acompanhamento de processos de desestatização e de relatórios de auditoria inerentes à fiscalização operacional julgados pelo TCU envolvendo uma única agência reguladora, a Agência Nacional de Petróleo, Gás Natural e Biocombustíveis (ANP).

O corte temporal para a seleção dos acórdãos compreende o período entre o ano de criação da ANP, pela Lei nº 9.478/1997, até o início de 2019. Na pesquisa, foram avaliados 44 (quarenta e quatro) acórdãos relacionados com o acompanhamento de processos de desestatização: destes, 33 (trinta e três) acórdãos abrangem as rodadas de licitação realizadas pela ANP para outorga das atividades de exploração e produção de hidrocarbonetos sob o regime de concessão e de partilha de produção, as rodadas de licitação de transporte de gás natural, análises referentes ao contrato de cessão onerosa e relativos à outorga de concessões relativas às áreas inativas com acumulações marginais. Adicionalmente, serão analisados separadamente outros 11 (onze) acórdãos versando sobre os relatórios de auditoria operacional.

No entanto, como se observou que cada acórdão proferido pelo órgão de controle pode gerar mais de um produto de fiscalização (sejam recomendações ou determinações), foram analisados, no total, 49 produtos de fiscalização gerados pelo TCU.

Os parâmetros usados para pesquisa serão os seguintes: (i) delimitar quais os acórdãos envolvem questões regulatórias referentes às atividades de exploração e produção de petróleo e gás natural; (ii) indicar quais os casos em que se entende que foi emitido um comando corretivo por parte do TCU; (iii) mediante a comparação entre os itens (i) e (ii), aferir se o órgão de controle substitui, de fato, as escolhas regulatórias da agência.

O passo seguinte será definir, a partir do levantamento desses dados, se, com o passar do tempo, a ANP vem conformando as suas minutas de edital e de contrato às recomendações ou determinações do Tribunal de Contas.

Para auxiliar no processo de delimitação e definição do que se entende como questões regulatórias referentes às atividades de E&P e dos comandos corretivos por parte do órgão de controle realiza-se uma proposta de classificação de seus produtos de fiscalização divididos em comandos ou decisões de natureza: (a) **corretiva** - decisão de revisão das minutas dos editais e dos contratos por violação à lei, atos ou procedimentos normativos ou por falta de motivação do gestor, diga-se, por ausência de justificativa para a escolha regulatória ou, ainda, por ausência de norma específica elaborada pela ANP para dar o tratamento à questão; e (b) **não corretiva** - decisão que aprova, sem ressalvas, as minutas dos editais e dos contratos por entendê-las em conformidade com o ordenamento jurídico.

Em relação às decisões emitidas em sede de fiscalização operacional, utiliza-se a mesma classificação, com uma única peculiaridade: entende-se que o TCU emite decisão corretiva, ainda que sob a forma de "recomendações", seja para ajustar a estruturação organizacional interna da agência, proceder à elaboração de manuais de atividades de fiscalização por parte das superintendências ou até mesmo à edição de ato normativo. Por exclusão, as demais "recomendações" serão classificadas como decisões não corretivas.

A partir da classificação dos produtos de fiscalização em comandos ou decisões corretivas e não corretivas será possível compreender, para efeitos desse estudo, se há interferência ou não da Corte de Contas nas escolhas regulatórias da ANP.

Uma vez apurado, pelos dados apontados na pesquisa, que as decisões corretivas extrapolam os limites materialmente definidos para emissão de ordens de comando por parte do TCU, tais decisões serão classificadas como interventivas, ou seja, como substitutivas das escolhas regulatórias da ANP; do contrário, serão classificadas como não interventivas.

Por sua vez, com base no levantamento dos acórdãos do TCU e de acordo com a natureza de cada uma dessas decisões emitidas (corretivas ou não corretivas), busca-se aferir se a ANP, com o passar do tempo, vem conformando as suas minutas de edital ao que tem recomendado ou determinado o TCU.

Uma vez verificado que esse movimento adotado pela agência tem por parâmetro a estratégia ou, diga-se, o entendimento da outra instituição sobre determinado assunto, isto pode sugerir que as decisões do órgão de controle, a cada nova rodada de licitação, acabam por influenciar nas escolhas subjetivas do regulador ao elaborar as minutas de editais e de contratos posteriormente submetidos à aprovação do TCU.

Este estudo também se limita, no que diz respeito às decisões proferidas pelo TCU no âmbito dos relatórios de auditoria operacional relacionados com os processos de desestatização, a investigar as decisões proferidas no seu primeiro e segundo estágios, pois nessas duas etapas iniciais do processo se concentra a análise dos atos preparatórios, da minuta do edital e dos contratos de E&P propriamente ditos, enquanto o terceiro e quarto estágios se restringem à fiscalização do aspecto formal da licitação (correspondentes às fases de habilitação e outorga do processo licitatório).

A sistemática empregada nesta pesquisa abrange tanto as recomendações quanto às determinações das Cortes de Contas, o que a distingue do modelo adotado por Anderson Oliveira na análise realizada para confirmar a intervenção regulatória do TCU nos processos de concessão da ANTT, ANAC e ANTAQ. O autor restringiu sua pesquisa às determinações da Corte de Contas[113] ao fundamento de que apenas tais decisões

[113] Oliveira, Anderson Marcio de. Intervenção regulatória do TCU: avaliação empírica nos processos de concessão da ANTT, ANTAQ e ANAC. Dissertação para obtenção do

teriam caráter impositivo sobre as agências. Adota-se como premissa o fato de que, em certa medida, as recomendações do TCU também podem apresentar um caráter compulsório, sobretudo porque, mesmo sem haver expressa previsão legal, as minutas de edital ou pré-editais ou editais de pré-qualificação são submetidos pela ANP aos órgãos de controle.

Entende-se que essa submissão das minutas de edital ao controle prévio do TCU pode decorrer de um receio do gestor[114] vinculado à agência de vir a ser responsabilizado ou penalizado caso não cumpra o que for determinado e – por que não o dizer – o que for recomendado pela Corte de Contas nessa etapa prévia do processo licitatório.

Sob essa ótica, tanto as recomendações quanto as determinações constantes dos acórdãos da Corte de Contas serão objeto de avaliação, ao fundamento de que ambas as categorias de decisões podem causar um constrangimento[115], ao ponto de reduzir a margem de discricionariedade na atuação do gestor público compelindo-o, ainda que de forma inconsciente, ao cumprimento daquela orientação, independentemente do seu teor.

4.2. Do exame dos acórdãos selecionados

No início da pesquisa, ao cogitar-se operacionalizar o grau de interferência do TCU nas escolhas da agência, entendeu-se que esse fator poderia ser demonstrado caso as decisões da Corte de Contas se iniciassem por recomendações ao tempo da criação da agência e, com o passar do tempo, evoluíssem para determinações. No entanto, essa premissa não se comprovou pela análise dos casos concretos adiante realizada. De fato, constata-se que, desde a criação da ANP, os acórdãos emitem tanto reco-

título de Mestre no Programa de Mestrado em Direito da Regulação da Escola de Direito do Rio de Janeiro da Fundação Getulio Vargas. 2017, p. 54.

114 Jordão, Eduardo. A intervenção do TCU sobre editais de licitação não publicados: controlador ou administrador? Revista Brasileira de Direito Público – RBDP, Belo Horizonte, ano 12, n. 47, p. 209-230, out./dez. 2014, p. 228/229.

115 Campana, Priscilla de Souza Pestana. O controle pelo medo: fragilidades e desafios do sistema de controle da Administração Pública. Dissertação apresentada, como requisito parcial para obtenção do título de Mestre, ao Programa de Pós-Graduação em Direito da Universidade do Estado do Rio de Janeiro. 2018, p. 117.

mendações quanto determinações, indistintamente, a serem cumpridas pela agência.

Passando ao exame dos acórdãos, preliminarmente, foram analisados 54 (cinquenta e quatro) acórdãos relacionados com o processo de acompanhamento dos processos de desestatização. Considerando que a análise dos atos preparatórios, das minutas do edital e do contrato de E&P se concentram as duas etapas iniciais do processo, foram excluídos da amostra os acórdãos que tratavam das 2 etapas finais do processo, limitando-se o escopo da pesquisa a 33 (trinta e três) acórdãos. Reitere-se o esclarecimento de que cada acórdão pode gerar mais de um produto de fiscalização por parte do TCU, razão pela qual os produtos de fiscalização superam o número inicial dos acórdãos pesquisados.

Na 1ª Rodada de Licitações há 2 acórdãos relacionados[116]. O Acórdão 351/99 determina a promoção de uma série de correções pela ANP nas minutas de edital e do contrato no prazo de 15 dias, sob pena de não ser dado prosseguimento ao procedimento licitatório[117].

O teor do citado acórdão é de natureza corretiva, cujos comandos são apontados nas minutas do edital e do contrato pelo TCU determinando a revisão das escolhas realizadas pela ANP, que é autarquia federal dotada de autonomia e de poder normativo para elaboração das citadas minutas de edital e de contrato, na forma da Lei do Petróleo.

O TCU denomina sua decisão como um produto de fiscalização de conformidade, mas, na verdade, se vale de decisão corretiva que procede à revisão das minutas de edital e de contrato, substituindo a decisão da ANP.

A despeito de se tratar de um único acórdão, verifica-se que a decisão do TCU se desmembra em mais de um produto de fiscalização. Assim,

[116] Acórdão 351/99. Ata 23/99 – Plenário – Sessão de 10.06.1999 e Acórdão 493/1999. Ata 33/1999 – Plenário – Sessão de 04.08.1999.

[117] "O Tribunal Pleno, diante das razões expostas pelo Relator, DECIDE: (...)
8.1.2 faça incluir no "Edital de Licitação para a contratação de atividades de exploração, desenvolvimento e produção de petróleo e gás natural "Primeira Rodada de Licitações":
(...)
8.2 determinar à ANP que não dê prosseguimento ao procedimento licitatório enquanto não adotar as providências constantes dos itens 8.1.1 a 8.1.3 supra, dando ciência a este Tribunal acerca de seu cumprimento;"

como se passará a demonstrar, o citado acórdão consolida dois comandos corretivos.

Passa-se a analisar o primeiro comando de correção. Como se observa do citado acórdão, foi determinada a inclusão no edital de licitações de exigências expressamente consignadas nos incisos IV e V do art. 38, I e IV do art. 39, ambos da Lei nº 9.478/97. Além disso, exige-se a adequação dos critérios do edital relativos à qualificação técnica para definição dos futuros operadores dos blocos exploratórios ofertados nas categorias "A", "B" ou "C" (questão que observa técnicas comumente adotadas pela indústria do petróleo) não havendo margem para correções nem mesmo de subjetividade para a escolha dos licitantes que podem integrar cada uma daquelas categorias. A despeito do entendimento do TCU, trata-se de um critério objetivo facilmente comprovável pelo interessado: ou ele detém a qualificação e *expertise* necessária para operar os blocos exploratórios em terra, mar e águas profundas ou não a possui.

Tratam-se de critérios adequados ao tipo de licitação de oferta pública de blocos exploratórios. Nesse passo, a ANP solicitou informações consideradas suficientes para avaliar a capacidade dos participantes para realizar operações, entre outras possibilidades, em terra e no mar, águas profundas e ultraprofundas. Para o operador na categoria "A" (mais qualificado tecnicamente) exige-se, por exemplo, a comprovação de experiência mais vasta em operações numa maior diversidade de áreas de exploração, ou seja, *on shore* (blocos terrestres), em águas rasas, profundas e ultraprofundas, para as demais categorias "B" ou "C" exige-se uma qualificação técnica menor nessas operações, ou seja, dependendo da área a ser ofertada no leilão (por exemplo, se apenas blocos terrestres), pode ser suficiente preencher os requisitos da categoria "C".

Esse tipo de correção proposta pelo TCU evidencia que a Corte de Contas não respeita uma escolha técnica da ANP inserida na minuta quanto à qualificação dos licitantes que estariam aptos a exercer as operações nas áreas ofertadas na 1ª Rodada de Licitações, tendo em vista que a escolha da agência foi realizada com base em critérios suficientes e adequados para elaborar a minuta de edital.

Outro ponto que merece destaque no citado acórdão diz respeito à **segunda decisão corretiva**, oriunda de "omissão" na minuta do contrato de concessão apontada pelo relatório da unidade técnica da 9ª Secretaria de Controle Externo ("9ª SECEX"), o órgão de controle determina a expedição pela ANP de regulamentação de penalidades em razão de descumprimento de obrigações contratuais, na forma prevista no inciso XII do art. 43 da Lei nº 9.478/97[118].

Trata-se de questão relevante, considerando a repercussão dessa determinação nas rodadas seguintes, o que se verá mais adiante, sobretudo pelo viés corretivo que também se extrai do outro acórdão que também aprecia a matéria oriunda desta 1ª Rodada de Licitações. O Acórdão nº 493/99, por exemplo, ao analisar os 3 primeiros estágios do leilão após o acompanhamento da questão pela 9ª SECEX, reforça as determinações relativamente aos comandos de correção por ilegalidade na forma do acórdão anterior e, ao tratar da matéria que envolve a correção por ilegalidade para a regulamentação de penalidades na hipótese de descumprimento de obrigação prevista no contrato de concessão, não acatou os argumentos da ANP, que seriam suficientes para demonstrar que as "omissões" não existem, uma vez que *"o contrato de concessão, parte integrante do edital, contém vários dispositivos relativos a sanções e penalidades que seguem as práticas da indústria do petróleo"*, sobretudo levando-se em consideração que existia, à época, a regulamentação daquelas penalidades no Decreto nº 2.953/1999[119].

Na 2ª Rodada, há 1 acórdão relacionado[120], determinando correções nas minutas de edital nas rodadas futuras, principalmente no sentido de que (i) sejam prestadas informações mais detalhadas sobre o processo

[118] Cabe transcrever trecho do citado Acórdão 351/99: *"Em análise prévia da minuta do contrato encaminhada, a Unidade Técnica destaca que não foram identificadas cláusulas estabelecendo as penalidades previstas no inciso XII, art. 43, da Lei nº 9.478/97. (...) Observe-se que* ***tal procedimento reveste-se de caráter pedagógico e não punitivo, posto que permite a correção de eventuais falhas antes que produzam seus efeitos que poderiam, em momento posterior, se não sanadas, conduzir até mesmo à irregularidade e à conseqüente nulidade dos procedimentos,*** *com prejuízos aos participantes da licitação, ao Erário e à sociedade como um todo. 2.Examinando a documentação encaminhada, endosso, de pronto, o entendimento defendido pela Unidade Técnica de que não existe na minuta do contrato cláusula penal exigida e prevista no art. 43, inciso XII, da Lei do Petróleo (Lei nº 9.478/97)."*

[119] O decreto dispõe sobre o procedimento administrativo para aplicação de penalidades por infrações cometidas nas atividades relativas à indústria do petróleo e ao abastecimento nacional de combustíveis e dá outras providências.

[120] Acórdão nº 417/2001. Ata 27/2001 – Plenário – Sessão de 04.07.2001.

de escolha dos blocos nos próximos editais, sendo exigida a aderência do processo à política do CNPE e (ii) sejam tornados públicos os critérios e parâmetros para a qualificação técnica dos interessados. Neste aspecto, é gerado **um produto de fiscalização de caráter corretivo**, considerando o que estabelece o artigo 2º da Lei 9.478/97, a respeito das atribuições do CNPE e das considerações mencionadas anteriormente a respeito da adequação da minuta do contrato de concessão às melhores práticas da indústria do petróleo (artigo 44, inciso VI, da Lei nº 9.478/97), no tocante à qualificação técnica dos interessados em participar do certame.

Na 3ª Rodada, há 2 acórdãos relacionados[121]. O Acórdão nº 232/2002 gera dois produtos de fiscalização, ou seja, **duas decisões corretivas**: a primeira, determinando à ANP que não realize mais licitações sem o pronunciamento prévio do CNPE acerca dos critérios adotados para escolha dos blocos a serem ofertados, e a segunda, impondo a regulamentação das penalidades previstas nas minutas dos contratos de concessão, no prazo de 180 dias.

Por sua vez, o Acórdão nº 585/2002 gera **um produto de fiscalização de caráter corretivo**. Entende-se que o citado acórdão exibe caráter ainda mais interventivo, considerando que, em virtude do não atendimento da determinação imposta à ANP desde a 1ª Rodada de Licitações, proíbe a realização de outras rodadas até o seu efetivo cumprimento pela agência reguladora.

Tais determinações revelam comandos de interferência direta nas escolhas técnicas da ANP. Em primeiro lugar, pelo fato de que os artigos 8º, incisos II e IV, e 23, parágrafo único, ambos da Lei 9.478/97, seriam explícitos na atribuição de competência exclusiva para a realização das rodadas de licitação pela ANP e o artigo 2º da citada lei, à época do certame, sequer conferia ao CNPE poderes para escolha dos blocos, nem tampouco para aprovar as escolhas feitas pela ANP – cumpria-lhe apenas a definição de diretrizes genéricas para a política energética e de E&P. Em segundo lugar, porque a Corte de Contas entende que as previsões constantes das minutas contratuais, da legislação existente e do decreto que regulamenta as penalidades não servem para atender a tal propósito.

[121] Acórdão 232/2002. Ata nº 08/2002 – Plenário – Sessão de 20.03.2002 e Acórdão 585/2002. Ata nº 08/2002 – Plenário – Sessão de 05.06.2002.

De acordo com a decisão, a minuta de contrato submetida à análise não tratava dos casos de advertência, multa e procedimentos para sua aplicação. Além disso, tais sanções deveriam ser definidas em regulamentos a serem emitidos pela ANP. Por sua vez, entende o Tribunal que a Lei nº 9.847/1999 não preenche essa lacuna, uma vez que se aplica mais à fiscalização das atividades relativas ao abastecimento nacional de combustíveis. No entanto, verifica-se que a definição de abastecimento nacional de combustíveis inclui a produção de petróleo e gás natural (art. 1º, §1º), mas ao entendimento da Corte de Contas as penalidades e procedimentos ali indicados não conseguem abarcar as complexas atividades definidas nos contratos de exploração e produção de petróleo e gás natural.

Adicionalmente, ameaça paralisar as rodadas seguintes caso a ANP não cumpra a sua determinação, não restando outra alternativa à agência reguladora senão regulamentar a questão da forma exigida pelo TCU, sob pena de gerar inúmeros prejuízos aos participantes da 4ª Rodada de Licitações, que já se encontrava em andamento[122].

Na 4ª Rodada, há um acórdão[123] de **conteúdo corretivo**. O TCU aponta fragilidade no estudo de viabilidade técnica e econômica (EVTE) dos blocos licitados, considerando falha a simplificação a metodologia empregada pela ANP para identificação dos blocos mais atrativos. O interessante é que a Corte de Contas, desde a 1ª Rodada de Licitações determina que o EVTE seja realizado pela ANP para escolha de blocos e a agência, mesmo entendendo que o EVTE não é compatível com o sistema de oferta pública de blocos, apresenta o estudo realizado rodada após rodada, o que, ainda assim, não é considerado suficiente pelo órgão de controle.

[122] Houve, inclusive, pedido de reexame do Acórdão nº 232/2002 por parte da ANP que foi apreciado no Acórdão nº 498/2003 (Ata nº 17/2003 – Plenário – Sessão de 14.05.2003) considerando a gravidade da paralisação da 4ª Rodada de Licitação, no entanto, foi negado provimento ao recurso da ANP.

[123] Acórdão 68/2003. Ata nº 03/2003 – Plenário – Sessão de 05.02.2003. Entende o TCU que o método de simulação empregado pela agência é tão simplificado que conduz a fragilidades na escolha dos blocos. A ANP enviou, para cada bloco, um Estudo de Viabilidade Técnico-Econômica (EVTE) para identificar aqueles mais atrativos (fls. 18/25 do Acórdão), devido às incertezas inerentes às variáveis que alimentam o modelo, a ANP optou por usar a técnica da simulação de Monte Carlo para calcular o Valor Monetário Esperado (VME).

Apesar de discordar da escolha realizada pela agência, este acórdão não apresenta justificativa plausível para a tal fragilidade apontada no estudo realizado e propõe, ao final, que um método diferente para escolha dos blocos mais atrativos seja adotado. O órgão de controle poderia, ao menos, justificar por qual razão sua decisão seria qualificada como "mais acertada" a partir de uma comparação com aquela realizada pelo regulador apontada como "simplificada". Diante das circunstâncias e dos desafios enfrentados pelo gestor que, na prática, deve decidir sobre qual metodologia adotar para escolher os blocos mais atrativos, poderia o TCU ao discordar da escolha regulatória realizada apresentar motivação para a sua decisão. No entanto, acaba por determinar que a ANP apresente outros mecanismos de viabilidade econômico-financeira que entenda compatíveis.

Na 5ª Rodada, há mais um acórdão[124] relacionado, gerando um produto de fiscalização de caráter **corretivo**. A curiosidade da 5ª Rodada é a observância do primeiro movimento de conformação na minuta de edital da agência ao entendimento da Corte de Contas, que já era de prévio conhecimento da ANP, qual seja, a publicação de Resolução CNPE nº 8/2003, estabelecendo diretrizes da política energética e ratificando a escolha de blocos feita pela ANP. Verifica-se que a ANP continua exercendo a escolha dos blocos, decisão de natureza tecnicamente complexa, mas diante da decisão do TCU na 3ª Rodada, adota estratégia diferente daquela empregada em sede da regulamentação das penalidades (diga-se, o embate direto que se sucedeu por 3 Rodadas de Licitação e quase inviabilizou a realização do 4ª leilão de blocos exploratórios) e se ajusta à orientação do órgão de controle, submetendo a escolha dos blocos realizada para a 5ª Rodada ao pronunciamento prévio do CNPE.

A partir da 6ª Rodada, percebe-se uma redução dos comandos de natureza corretiva por parte do TCU nas minutas de edital encaminhadas pela ANP. Entende-se que as minutas submetidas à apreciação se encontram adaptadas às recomendações e determinações do órgão de controle oriundas das cinco primeiras rodadas, sendo possível afirmar que se esta-

[124] Acórdão 520/2004. Ata nº 14/2004 – Plenário – Sessão de 05.05.2004.

beleceu uma fase de conformidade das minutas dos editais e dos contratos aos comandos do órgão de controle.

Tem-se início uma fase de aprovação das etapas iniciais do processo licitatório sem ressalvas pelo TCU, tanto que nesta 6ª Rodada, há um acórdão[125] gerando **produto de fiscalização de conteúdo não corretivo**, que recomenda à ANP observar o prazo para apresentação de documentos de acordo com a IN TCU 27/1998.

Neste mesmo período, ocorre a 2ª Rodada de Licitação de Áreas Inativas, com um acórdão[126] que também aprova as etapas iniciais do leilão sem ressalvas, gerando mais um **produto de fiscalização de conteúdo não corretivo**. Entende-se por áreas inativas com acumulações marginais aquelas que já foram concedidas, que possuem descobertas conhecidas de petróleo e/ou gás natural, mas onde não houve produção ou a produção foi interrompida por ausência de interesse econômico.

Na 7ª, 8ª[127], 9ª e 10ª Rodadas, há quatro acórdãos[128], que geraram, ao todo, **4 produtos de fiscalização de caráter não corretivo**, por aprovação das etapas iniciais do leilão sem ressalvas, ou seja, as minutas de editais e de contrato submetidas ao órgão de controle não mereciam qualquer reparo por aquela Corte.

Os leilões foram suspensos por um período de 5 anos e, nesse intervalo, foi inaugurado o novo marco regulatório das áreas do pré-sal. Nessa época, submete-se à apreciação do TCU a avaliação de riscos acerca do planejamento e das providências adotadas pelo MME e pela ANP para cumprimento das atribuições delegadas pelas Leis 9.478/1997, 12.304/2010[129] e 12.351/2010[130], quanto à exploração e à produção de

125 Acórdão 707/2005. Ata nº 20/2005 – Plenário – Sessão de 08.06.2005.

126 Acórdão 771/2007.

127 Na 8ª Rodada foram publicadas as Resoluções CNPE 2/2006, que autorizou a realização de estudo sobre os critérios de definição de blocos e definiu o objeto da 8ª Rodada e a de nº 3/2006, que autorizou a realização da Rodada e definiu as áreas a serem ofertadas.

128 Acórdãos 1158/2007; 2249/2007; 1283/2008 e 1671/2010.

129 Autoriza o Poder Executivo a criar a empresa pública denominada Empresa Brasileira de Administração de Petróleo e Gás Natural S.A. – Pré-Sal Petróleo S.A. (PPSA) e dá outras providências.

130 Dispõe sobre a exploração e a produção de petróleo, de gás natural e de outros hidrocarbonetos fluidos, sob o regime de partilha de produção, em áreas do pré-sal e em áreas

petróleo e de gás natural (E&P) sob o regime de partilha de produção, em áreas do pré-sal e em áreas estratégicas, e quanto à constituição e estruturação operacional da Empresa Brasileira de Administração de Petróleo e Gás Natural S.A (PPSA)[131]. O processo culminou com a geração de um produto de fiscalização, ou seja, uma **decisão de conteúdo não corretivo**, para o acompanhamento da coleta de dados e informações, a fim de se instaurar a 1ª Rodada de Partilha de Produção.

A 11ª Rodada de Licitações, que antecedeu a 1ª Rodada de Partilha de Produção, possui dois acórdãos[132] gerando **dois produtos de fiscalização de conteúdo não corretivo**. Com efeito, foi feita recomendação à ANP para que zele pela completude e integralidade da documentação de fundamentação e análise dos aspectos técnicos, econômicos e ambientais das áreas ofertadas, consoante o estabelecido na IN TCU nº 27/1998, e aprovado o 2º estágio do leilão sem ressalvas.

Antes de tratar das decisões da 1ª Rodada de Partilha de Produção, cabe esclarecer de forma sucinta a distinção deste regime para o de concessão de E&P, adotado nas rodadas anteriores até a inauguração deste novo marco regulatório.

O procedimento diferenciado de outorga entre os dois regimes se impõe por determinação do artigo 3º da Lei nº 12.351/2010 ("Lei de Partilha"). O regime de partilha da produção[133] vigora para as áreas localizadas no polígono do pré-sal e para aquelas delimitadas como áreas estratégicas[134] pelo Poder Executivo; por exclusão nas demais áreas, loca-

estratégicas; cria o Fundo Social – FS e dispõe sobre sua estrutura e fontes de recursos; altera dispositivos da Lei no 9.478, de 6 de agosto de 1997; e dá outras providências.

131 Acórdão 1454/2013.

132 Acórdãos 2237/2013 e 2723/2013

133 A partilha de produção é definida por lei como o regime de exploração e produção de petróleo, de gás natural e de outros hidrocarbonetos fluidos no qual o contratado exerce, por sua conta e risco, as atividades de exploração, avaliação, desenvolvimento e produção e, em caso de descoberta comercial, adquire o direito à apropriação do custo em óleo, do volume da produção correspondente aos royalties devidos, bem como de parcela do excedente em óleo, na proporção, condições e prazos estabelecidos em contrato.

134 Por lei, a área estratégica consiste em região de interesse para o desenvolvimento nacional, delimitada em ato do Poder Executivo, caracterizada pelo baixo risco exploratório e elevado potencial de produção de petróleo, de gás natural e de outros hidrocarbonetos fluidos.

lizadas fora do polígono do pré-sal ou que não sejam estratégicas, vigora o regime de concessão.

A 1ª Rodada de Partilha de Produção possui dois acórdãos[135], contendo **decisões de caráter não corretivo**, por aprovação dos estágios iniciais do leilão sem ressalvas e recomendações para que a ANP (i) obtenha junto ao CNPE, antes da realização do certame, a aprovação da alteração do modelo de apropriação do custo em óleo e (ii) zele pela completude e integralidade da documentação de fundamentação e análise dos aspectos técnicos, econômicos e ambientais das áreas ofertadas.

Na 12ª Rodada há dois acórdãos[136], contendo **uma decisão corretiva e uma decisão não corretiva**. Esta rodada, especificamente, tem como objetivo principal o aumento das reservas de gás natural no país, por intermédio da exploração e produção em área terrestre, sendo que o seu diferencial em relação às demais rodadas diz respeito à possibilidade de exploração e produção de recursos não convencionais[137]. Neste acórdão, pode-se observar uma curiosidade: a decisão do Tribunal de Contas, apesar de questionar a escolha da agência de excluir do bônus mínimo o fator "sensibilidade ambiental"[138], limita-se a fazer recomendação à ANP no

[135] Acórdãos 2736/2013 e 2643/2015.

[136] Acórdão 3639/2013.

[137] O recurso não convencional significa a acumulação de Petróleo e Gás Natural que, diferentemente dos hidrocarbonetos convencionais, não é afetada significativamente por influências hidrodinâmicas e nem é condicionada à existência de uma estrutura geológica ou condição estratigráfica, requerendo, normalmente, tecnologias especiais de extração, tais como poços horizontais ou de alto ângulo e fraturamento hidráulico ou aquecimento em retorta. Incluem-se nessa definição o Petróleo extrapesado, o extraído das areias betuminosas ("sand oil" ou "tar sands"), dos folhelhos oleíferos ("shale oil"), dos folhelhos ricos em matéria orgânica ("oil shale" ou xisto betuminoso) e das formações com baixíssima porosidade ("tight oil"). Consideram-se, também, na definição, o gás metano oriundo de carvão mineral ("coal bed methane" ou "coal seam gas") e de hidratos de metano, bem como o Gás Natural extraído de folhelhos gaseíferos ("shale gas") e de formações com baixíssima porosidade ("tight gas").

[138] A ANP suprimiu a "sensibilidade ambiental" da área como fator de cálculo do bônus de assinatura mínimo para as empresas interessadas no certame, o que está na sua esfera de discricionariedade, considerando que o bônus mínimo deve refletir o potencial petrolífero e que áreas mais sensíveis diminuíam o valor do bônus. O princípio balizador de sua utilização considera a dificuldade a ser enfrentada na obtenção da licença ambiental, que é

sentido de que não publique futuros editais sem que haja parecer prévio favorável dos órgãos ambientais sobre as áreas do certame.

Nesta época também ocorre a 1ª Rodada de Licitação para transporte de gás natural, havendo dois acórdãos[139] contendo **duas decisões não corretivas**.

A 13ª Rodada foi dividida em duas etapas, sendo a primeira para a licitação de blocos exploratórios e a segunda para licitação de áreas inativas. Na primeira etapa, ofertaram-se 266 blocos exploratórios terrestres e marítimos para aumento da exploração e produção de petróleo e gás natural no país. Os procedimentos e metodologias empregados pela ANP não divergiram muito das rodadas anteriores, tendo sido realizadas algumas alterações, tais como: a inversão de fases no processo licitatório, com vistas a qualificar somente os concorrentes vencedores das concessões para maior celeridade ao processo; a inclusão de novos dispositivos nas minutas de edital e contrato concernentes ao critério de conteúdo local, aprimoramento do conceito de melhores práticas da indústria, dentre outros. Trata-se de acórdão[140] contendo **decisão de conteúdo não corretivo**, por aprovação das etapas iniciais do leilão sem ressalvas e, na segunda etapa, há dois acórdãos[141] também contendo **decisões da mesma natureza**, por aprovação de cada estágio do leilão separadamente, sem ressalvas.

Nesta ocasião, também é submetida à apreciação do TCU o acompanhamento da Revisão do Contrato de Cessão Onerosa do exercício das atividades de E&P localizados na área do pré-sal, celebrado em 2010 entre a União e a Petrobras, nos termos da Lei nº 12.276/2010[142], havendo

diretamente proporcional à sensibilidade ambiental da área. Quanto maior a sensibilidade, maiores são os riscos e perspectivas de aumento nos custos futuros para cumprimento das exigências ambientais.

139 Acórdãos 1281/2015 e 3348/2015.

140 Acórdão 2063/2015.

141 Acórdãos 2525/2015 e 1942/2016.

142 Autoriza a União a ceder onerosamente à Petróleo Brasileiro S.A. – PETROBRAS o exercício das atividades de pesquisa e lavra de petróleo, de gás natural e de outros hidrocarbonetos fluidos de que trata o inciso I do art. 177 da Constituição Federal, e dá outras providências.

um acórdão[143] com **decisão de conteúdo não corretivo**, com recomendação dirigida à ANP no sentido de reduzir a termo todas as reuniões técnicas havidas entre as partes (ANP, MME e Petrobras) com vistas à Revisão do Contrato de Cessão Onerosa e encaminhar cópia ao Tribunal, no prazo de 30 (trinta) dias, bem como das atas das reuniões que ocorrerem com a mesma finalidade, no prazo de 5 (cinco) dias após as respectivas realizações.

Na 4ª Rodada de Licitação de Áreas Inativas, há um acórdão[144], que aprova as etapas iniciais do leilão sem ressalvas, gerando **produto de fiscalização de natureza não corretiva**.

É nessa rodada que a oferta destas áreas inativas (selecionadas em bacias maduras apenas) tem o objetivo de ampliar o conhecimento das bacias sedimentares e oferecer oportunidades a pequenas e médias empresas, possibilitando a continuidade dessas atividades nas regiões onde se exerce importante papel socioeconômico, além de geração de empregos e a distribuição de renda, consoante prevê o artigo 65 da Lei nº 12.351/2010.

Na 14ª Rodada ofertaram-se 287 blocos com risco exploratório, localizados em 29 setores de nove bacias sedimentares brasileiras, cujos modelos contemplam: (i) blocos em bacias maduras, com o objetivo de oferecer oportunidades e aumentar a participação de empresas de pequeno e médio porte nas atividades de exploração e produção de petróleo e gás natural em bacias densamente exploradas, possibilitando a continuidade dessas atividades nas regiões onde exercem importante papel socioeconômico; (ii) blocos em bacias de novas fronteiras, com o objetivo de atrair investimentos para regiões ainda pouco conhecidas geologicamente, com barreiras tecnológicas ou do conhecimento a serem vencidas, buscando a identificação de novas bacias produtoras; e (iii) blocos em bacias de elevado potencial, com o objetivo de recompor e ampliar as reservas e a produção brasileira de petróleo e gás natural e o atendimento da crescente demanda interna.

143 Acórdão 353/2016.

144 Acórdão 3169/2016.

Trata-se de acórdão[145] com **decisão de conteúdo não corretivo**, por aprovação das etapas iniciais do leilão, sem ressalvas, ou seja, sob o ponto de vista formal, entende o Tribunal que todos os requisitos exigidos pela IN 27/1998 foram atendidos nas minutas submetidas à apreciação do órgão de controle. O acórdão destaca o aprendizado institucional da ANP por ocasião das 13 rodadas precedentes, "*a agência acumulou experiência, um histórico de dados e conhecimento que criaram oportunidades para proposição de metodologias que visam ao aprimoramento de parâmetros técnicos e econômicos previstos nas minutas de editais*".

Na 2ª, 3ª, 4ª e 5ª Rodadas de Partilha de Produção há cinco acórdãos[146], sendo **quatro** com **decisões de conteúdo não corretivo**, por aprovação das etapas iniciais do leilão, sem ressalvas e **um contendo decisão corretiva**[147], envolvendo recomendações para o aperfeiçoamento da metodologia de cálculo para o melhor embasamento da garantia financeira do Programa Exploratório Mínimo ("PEM"), além de reavaliação contínua da metodologia utilizada para o cálculo do valor de alíquota mínima de partilha de produção a ser aplicada nos respectivos contratos. O PEM é o conjunto de atividades exploratórias que deve ser executado pelo concessionário ou contratado durante a fase de exploração. Para realizar as atividades do PEM, que são definidas pela ANP no edital para cada período exploratório do bloco ofertado, o concessionário ou contratado fornece à ANP uma garantia financeira assegurando o cumprimento da atividade assumida para aquele bloco ofertado. Em regra, o PEM contempla levantamentos sísmicos para o primeiro período e perfuração de poços para os demais[148]. A escolha da metodologia de cálculo sobre os custos

[145] Acórdão 1761/2018. Destaca-se como principal alteração na sistemática de conteúdo local, a extinção do mecanismo de *waiver*. Assim, a partir dessa rodada de licitação não há mais a possibilidade de requerer isenção do cumprimento de conteúdo local (CL) e, caso o concessionário por algum motivo não cumpra o CL mínimo, deverá arcar com a multa correspondente.

[146] Acórdãos 1388/2018; 1389/2018; 2199/2018 e 139/2019.

[147] Acórdão 816/2018.

[148] Esse procedimento foi adotado até a Quarta Rodada de Licitações. Nas rodadas posteriores (a partir da Quinta Rodada), a fase de Exploração passou a se constituir sempre de dois períodos exploratórios, sem devolução obrigatória na passagem de um período para outro. O PEM para o primeiro período passou a ser expresso em números chamados de

de perfuração de poços necessários para embasar a garantia financeira do PEM está dentro da esfera de decisão do regulador, que se baseou no custo médio de perfuração para as áreas profundas e ultra profundas. A decisão do Tribunal de Contas, sob uma análise de custo-benefício, recomenda o aperfeiçoamento desta metodologia, tendo sido a medida atendida pela ANP sem qualquer questionamento ao longo do processo de fiscalização[149].

Na 15ª Rodada de Licitações para outorga de contratos de concessão de E&P há um acórdão[150] em que se observa a presença de **decisão de caráter corretivo**, que determina a suspensão cautelar dos procedimentos de oferta pública dos blocos S-M-645 e S-M-534, ao argumento de que inexiste fundamentação para definição da divisão das áreas ofertadas para contratação e para a não extensão do regime de partilha de produção para toda a Área de Saturno.

Passa-se agora a analisar os acórdãos relativos aos relatórios de auditoria.

O Acórdão 981/2000 impõe **comando corretivo**, ao determinar a anulação dos aditivos aos contratos de concessão firmados entre a Petrobras e ANP para prorrogar o prazo dos contratos de concessão, cujas atividades de exploração e produção foram devidamente outorgadas à Petrobras, sob fundamento de violação ao artigo 33 da Lei nº 9.478/97.

Unidades de Trabalho (UTs). O quantitativo de UTs a ser cumprido no primeiro período exploratório passou a ser parâmetro de oferta junto com o bônus de assinatura e o compromisso de conteúdo local para a definição da empresa vencedora da licitação. As UTs devem ser convertidas em atividades exploratórias, como aquisição de dados geofísicos, geoquímicos e a perfuração de poços, de acordo com a equivalência definida no edital da licitação. O PEM para o segundo período, a partir da Quinta Rodada de Licitações, é composto sempre pela perfuração de um poço exploratório. Disponível em: http://www.anp.gov.br/exploracao-e-producao-de-oleo-e-gas/gestao-de-contratos-de-e-p/fase-de-exploracao/programa-exploratorio-minimo . Acesso em 05.02.2020.

149 Deve-se registrar que, tendo em vista as tratativas e debates técnicos realizados durante o processo de fiscalização, a Agência, demonstrando concordância com os argumentos apresentados, decidiu por alterar o valor exigido a título de garantia atrelada ao programa exploratório mínimo no edital publicado em 5/4/2018. O valor da garantia estipulada no edital era de R$ 152 milhões e foi elevado para R$ 246 milhões, mitigando, ao entendimento do Tribunal, o eventual risco de descumprimento do PEM.

150 Acórdão 672/2018.

O comando extraído do citado acórdão, interpretando literal e isoladamente o artigo 33 da Lei nº 9.487/98, interfere na decisão regulatória da ANP. Em primeiro lugar, por entender que o prazo de 3 (três) anos citado no dispositivo legal deveria ser considerado para prorrogação dos contratos de concessão quando, de fato, se tratava do prazo inicial para o exercício das atividades outorgadas no contrato de concessão, no âmbito da chamada Rodada Zero, implementada logo após a flexibilização do monopólio do petróleo. Em segundo lugar, porque a interpretação mais adequada do dispositivo não deveria ser por uma observância isolada, mas conjugando-o aos demais objetivos públicos previstos na Lei do Petróleo, ou seja, deveria o intérprete adotar a fundamentação teleológica como base e exercer essa atividade hermenêutica "*a partir do sistema exterior da lei*"[151], diga-se, utilizando-se também os princípios e valores associados à norma em questão.

Outro aspecto que deve ser apontado diz respeito à diferença entre as expressões "prorrogação" e "extensão" contratual. O concessionário se obriga contratualmente a explorar a área ofertada em busca de jazidas e, em caso de êxito, iniciar a produção de hidrocarbonetos que, uma vez extraídos, passarão a integrar o seu patrimônio mediante o pagamento de compensação à União. Essa atividade realizada pelo concessionário se opera em duas fases distintas, denominadas fase de exploração e fase de produção.

A fase de pesquisa ou exploração[152] é a primeira fase do contrato e compreende atividade de avaliação das áreas outorgadas com a finalidade de descoberta e identificação de jazidas. Uma vez descoberta a jazida e declarada sua comercialidade[153] (ou seja, havendo o reconhecimento formal de que haverá retorno financeiro para os investimentos a serem reali-

[151] Sobre o tema, v. CANARIS, Claus-Wilhelm. Pensamento Sistemático e Conceito de Sistema na Ciência do Direito. Lisboa: Fundação Calouste Gulbenkian. Trad. A. Menezes Cordeiro. 2ªed., 1996, p. 157-158.

[152] A pesquisa ou exploração consiste no conjunto de operações ou atividades destinadas a avaliar áreas, objetivando a descoberta e a identificação de jazidas de petróleo ou gás natural.

[153] Por lei a descoberta comercial é a descoberta de petróleo ou gás natural em condições que, a preços de mercado, tornem possível o retorno dos investimentos no desenvolvimento e na produção.

zados na fase seguinte), tem início a segunda fase do contrato, a chamada fase de desenvolvimento e produção[154].

A avaliação feita pelo concessionário para identificar se a descoberta é ou não comercial não é um procedimento simples e, apesar de se sujeitar a um prazo inicial, é possível que seja estendido para a realização de mais pesquisas, a critério da ANP. Este prazo é diferente do prazo de prorrogação do contrato de concessão previamente determinado pela Lei do Petróleo (artigo 43, inciso II). No mesmo sentido entende Barroso[155] ao tratar da distinção entre os dois institutos:

> "o conteúdo da *prorrogação* e da *extensão* é inteiramente distinto. A *prorrogação* foi prevista por prazo previamente determinado – dois anos –, é um direito do concessionário na hipótese de descoberta (êxito) e diz respeito ao contrato como um todo, isto é, a todo o bloco. O deferimento da *extensão,* por sua vez, depende de um conjunto de avaliações da ANP, a quem também caberá fixar o prazo necessário para o término da Avaliação de Descoberta, e diz respeito apenas às áreas, dentro do bloco, especificamente identificadas e autorizadas pela ANP, e não ao bloco inteiro"

Neste sentido, trata-se de um comando corretivo que interfere em escolha regulatória na ANP e o citado acórdão é um exemplo de substituição da decisão do regulador pelo órgão de controle, ao fundamento de defesa do interesse público.

O Acórdão 1052/2001, por sua vez, gera dois produtos de fiscalização na forma de **decisões corretivas**, pois, além de ordenar a elaboração de ato normativo de natureza procedimental por parte da ANP, fez recomendações de natureza organizacional interna, sobretudo voltadas para a melhora no desempenho das superintendências que regulam as questões

[154] A Lavra ou Produção é conceituada como conjunto de operações coordenadas de extração de petróleo ou gás natural de uma jazida e de preparo para sua movimentação. Enquanto que o Desenvolvimento consiste no conjunto de operações e investimentos destinados a viabilizar as atividades de produção de um campo de petróleo ou gás.

[155] Barroso, Luis Roberto. Discricionariedade administrativa, realização adequada dos fins legais e observância dos princípios constitucionais. Direito subjetivo à prorrogação de contrato de concessão para exploração de gás e petróleo (Pareceres). Temas de Direito Constitucional, Tomo II, Rio de Janeiro: Renovar, 2003, p.361.

ambientais. O mesmo se verifica em relação ao Acórdão 2317/2010, que apresenta dois produtos de fiscalização. O primeiro **comando de natureza corretiva**, ao alertar para a necessidade de criação de Manuais de Atividades com procedimentos a serem observados para a fiscalização de participações governamentais pela superintendência responsável (SPG), e o segundo **comando de natureza corretiva**, ao recomendar, no âmbito organizacional interno, o planejamento e a sistematização de fiscalização de petróleo e gás natural pela SPG.

O mesmo se verifica em relação aos Acórdãos 657/2013 e 3253/2013, que geram **produtos de fiscalização de caráter corretivo**. O primeiro acórdão, ao determinar a criação de ato normativo específico ou Manual de Atividades relacionado com o procedimento a ser aplicado para a fiscalização do sistema de medição da produção de petróleo e gás natural, e o segundo acórdão, no sentido de determinar a fixação de metodologia de inspeção e recomendando o aprimoramento no controle do cálculo, pagamento e distribuição de participações governamentais, além dos procedimentos relativos à fiscalização daquela receita patrimonial.

A auditoria recomendou o aprimoramento nos processos de inspeção diante da existência de *"não conformidades graves sem movimentação há mais de um ano, o que poderia comprometer a eficácia e a eficiência das fiscalizações promovidas e levar à prescrição de possíveis sanções cabíveis"* e a implementação de ferramenta de tecnologia da informação *"capaz de processar automaticamente as informações prestadas pelas concessionárias, para fins de cálculo dos royalties e das participações especiais, em substituição ao sistema SIGEP"*, que permite apenas a transferência de algumas informações das empresas para a ANP por meio de planilhas eletrônicas, preenchidas manualmente pelo regulador.

O Acórdão 2261/2011 envolveu a supervisão da governança da atividade de várias agências reguladoras (ANA, ANEEL, ANTT, ANTAQ, ANP e ANAC) e apresenta **decisão de conteúdo corretivo**, ao determinar que seja disciplinado o procedimento para substituição de seus dirigentes e prazo específico para disponibilização de relatórios com as contribuições oriundas da participação popular no âmbito de audiências e consultas públicas. O mesmo conteúdo se extrai do Acórdão 240/2015, cuja preocupação se volta para a relevância da Avaliação de Impacto Regulatório (AIR), gerando produto de **fiscalização de conteúdo cor-**

retivo ao recomendar as boas práticas de AIR, a elaboração de planos estratégicos que estabeleçam em normativos regras para orientação do processo de implementação, acompanhamento e revisão da estratégia organizacional e a transparência quanto aos elementos relativos à tomada de decisão por parte das citadas agências reguladoras.

O Acórdão 2815/2012 também gera **produto de conteúdo corretivo**, ao determinar a elaboração de ato normativo relacionado com os critérios de Conteúdo Local (CL).

O Acórdão 615/2015 tratou de fiscalização inerente ao monitoramento da qualidade de combustíveis e gerou **produto de fiscalização de natureza não corretiva**. Em relação ao Acórdão 1409/2016, houve **decisão corretiva**, no sentido de recomendar a elaboração de ato normativo ou de manuais específicos para a fiscalização da agência sobre a atividade de distribuição e revenda de gás de botijão– GLP, após a promulgação das respectivas normas autorizativas da realização da atividade.

O Acórdão 3072/2016 também gera, como produto de fiscalização, **decisão corretiva** para a normatização, em 180 (cento e oitenta) dias, de critérios claros e objetivos sobre a aplicabilidade do instrumento de *waiver*, fundamentado em estudos que esclareçam os impactos da regulamentação, inclusive sobre os pedidos já protocolados na agência, devendo o MME apresentar os índices mínimos de conteúdo local exigidos nas próximas rodadas de licitação.

Concluída a análise dos 44 acórdãos da ANP referentes às duas etapas iniciais dos processos de desestatização de E&P somadas aos relatórios de auditoria operacional, observa-se que o número de recomendações e de determinações do TCU constantes dos acórdãos totaliza 49 produtos de fiscalização. Extraem-se do total de produtos de fiscalização: 24 decisões corretivas e 25 decisões não corretivas, abrangendo tanto os processos de desestatização (minutas de editais e de contratos) quanto os relatórios de auditoria operacional (avaliação da *performance* da atividade da agência).

Para uma melhor compreensão quanto às decisões corretivas e não corretivas produzidas pelo Tribunal de Contas ao longo do tempo, os gráficos apresentados a seguir separam os produtos de fiscalização oriundos dos processos de desestatização de E&P daqueles produtos oriundos da fiscalização operacional.

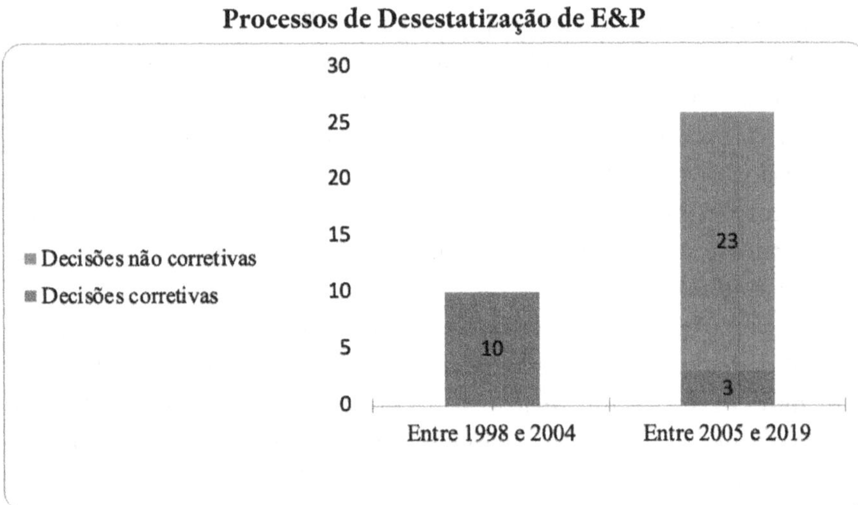

FIGURA 1 – Análise comparativa quantitativa entre os tipos de decisão proferidas pelo TCU na fiscalização das minutas de editais e de contratos desde a criação da ANP.

Fonte: Elaboração própria.

É relevante informar que, no âmbito dos processos de desestatização de E&P, dentre os 33 (trinta e três) acórdãos pesquisados, foram gerados 36 (trinta e seis) produtos de fiscalização, pois, como já salientado, alguns acórdãos geram mais de um comando por parte do TCU.

Neste aspecto, passa-se à pergunta da pesquisa: a decisão do TCU interfere nas escolhas regulatórias da ANP?

Tomando-se por base o que já foi abordado no capítulo 2, item 2.2, no sentido de que as escolhas realizadas pela ANP no âmbito da oferta pública de blocos exploratórios e estratégicos são dotadas de complexidade técnica e que os acórdãos pesquisados envolvem questões regulatórias referentes às atividades de exploração e produção de petróleo e gás natural, constata-se que o número de decisões corretivas emitidas pelo Tribunal de Contas (13) é inferior ao número de decisões não corretivas (23), o que, numa análise preliminar, poderia conduzir ao entendimento de que o TCU não interfere nas escolhas regulatórias da ANP.

A despeito disso, entende-se que a situação representada pelo gráfico acima não significa que não exista esse viés, pois se pode dizer que as interferências do TCU, na forma de decisões corretivas, apesar de numericamente inferiores, são substancialmente intrusivas.

Com o propósito de confirmar a assertiva é possível citar como exemplos os acórdãos de conteúdo corretivo com teor substancialmente interventivo:

Acórdão – Plenário TCU	Classificação	Teor substancialmente interventivo
351/1999	Comando corretivo de revisão da minuta de contrato de concessão por ausência de norma específica elaborada pela agência.	A decisão determina a expedição de ato normativo específico pela ANP para regulamentar penalidades oriundas de descumprimento de obrigações previstas no contrato de concessão, conquanto já houvesse regulamentação específica sobre o tema no Decreto nº 2.953/99 e na Lei nº 9.847/99.
232/2002	Comando corretivo de revisão da minuta de edital por violação à lei e ao procedimento normativo.	O comando do Tribunal foi no sentido de a ANP não realizar mais licitações sem o prévio pronunciamento do CNPE a respeito da escolha dos blocos a serem ofertados sendo que a escolha é imputada por lei à ANP.
585/2002	Comando corretivo de revisão da minuta de contrato de concessão por ausência de norma específica elaborada pela agência.	Em virtude do não atendimento pela ANP de determinação consolidada no Acórdão 351/1999 para emitir ato normativo regulamentando penalidades por descumprimento de obrigações do contrato de concessão, o acórdão proíbe a realização de novas rodadas de licitação até que a agência reguladora cumpra a determinação anterior com a edição de regulamentação própria fixando as penalidades cabíveis, o que foi cumprido com o advento da Portaria ANP 234/2003.

Acórdão – Plenário TCU	Classificação	Teor substancialmente interventivo
68/2003	Comando corretivo de revisão da minuta de edital por ausência de justificativa para a escolha regulatória.	A decisão aponta fragilidade no estudo de viabilidade técnica e econômica dos blocos licitados, determinando correção de falha na metodologia simplificada aplicada pela ANP para identificação de blocos mais atrativos. É proposto pelo TCU um método diferente daquele realizado pela agência, sem, no entanto, apresentar justificativa para a sua metodologia de escolha ser considerada "mais acertada".
816/2018	Comando corretivo de revisão da minuta de edital por ausência de justificativa para a escolha regulatória.	A decisão recomenda o aperfeiçoamento da metodologia de cálculo para embasamento da garantia financeira do Programa Exploratório Mínimo ("PEM") relativamente aos custos de perfuração de poços. A escolha da agência se baseou no custo médio de perfuração para as áreas profundas e ultra profundas realizado no período de 2006 a 2016. De acordo com o TCU, a garantia financeira prevista no edital não refletia o custo real de perfuração dos poços, tendo sido a recomendação atendida pela ANP sem qualquer questionamento durante o processo de fiscalização
672/2018	Comando corretivo de revisão da minuta de edital por ausência de justificativa para a escolha regulatória.	Em decisão cautelar determina a segregação de blocos da Área de Saturno, que seriam objeto de oferta pública sob regime de concessão e emite comando determinando que a oferta pública daqueles blocos segregados se realize sob o regime de partilha de produção, regime licitatório diverso daquele escolhido pela agência.

FIGURA 2 – Lista de acórdãos do TCU no âmbito dos processos de desestatização de E&P de natureza substancialmente mais interventiva.

Fonte: Elaboração própria.

Assim, sob a ótica qualitativa, analisando-se o teor das decisões corretivas emitidas pela Corte de Contas, deduz-se que há indícios de que as decisões do órgão de controle no âmbito dos processos de desestatização de E&P, ou seja, na fiscalização das minutas de edital e de contratos elaborados pela agência, sob o ponto de vista substancial, substituem as escolhas regulatórias da ANP.

Quanto à investigação a respeito de a interferência ter se acentuado ao longo do tempo, extrai-se o seguinte do gráfico: de 1998 (ano de criação da ANP) até 2004 (na 5ª Rodada de Licitação) predominam as decisões corretivas por ilegalidade. No período de 2005 a 2019 houve uma conformação das escolhas regulatórias da ANP às decisões corretivas anteriores do TCU, predominando neste intervalo decisões de caráter não corretivo (da 6ª Rodada até a 14ª Rodada de Licitações). Por fim, no ano de 2018, há somente duas decisões de caráter corretivo, sendo que a decisão consolidada no Acórdão 672/2018 deve ser compreendida como um produto de fiscalização que gera interferência mais significativa e será analisada adiante, no item 4.3.2.

A intuição inicial da pesquisa, no sentido de que poderia haver interferência do TCU nas escolhas regulatórias da ANP, não se confirmou, do ponto de vista quantitativo, apesar de haver uma diferença mínima entre as decisões corretivas e não corretivas.

Quanto à segunda abordagem empregada, no sentido de analisar se a intervenção poderia estar se acentuando ao longo do tempo, essa premissa também não se confirmou, pois, no início da pesquisa, se cogitou que as decisões da Corte de Contas poderiam se iniciar por recomendações ao tempo da criação da agência e, com o passar do tempo, evoluir para a emissão de comandos ou determinações.

Os dados obtidos na pesquisa apontam o inverso, pois o Tribunal de Contas, na etapa inicial do controle sobre a agência, ou seja, à época da criação da ANP, exerce um controle bem mais rigoroso, com um índice maior de decisões corretivas. De fato, o que se verifica no período entre 1998 e 2004, são decisões de natureza eminentemente corretivas, não havendo nenhuma decisão não corretiva no período.

Os dados demonstram que, com o passar do tempo, o TCU passa a emitir decisões não corretivas que aprovam, sem ressalvas, as minutas de edital e de contrato elaboradas pela ANP (de 2005 a 2019). Há somente 3 decisões de natureza corretiva neste período, o que se verificou nos anos de 2013 e 2018[156].

Por outro lado, em termos de comparação entre recomendações e determinações emitidas ao longo do tempo, essa premissa também não se comprovou pela análise dos casos concretos, pois desde a criação da ANP os acórdãos emitem tanto recomendações quanto determinações a serem cumpridas pela agência indistintamente. Esse aspecto da pesquisa será abordado mais detidamente por ocasião da análise dos relatórios de auditoria operacional, no capítulo seguinte.

Em síntese, é possível concluir que, do ponto de vista quantitativo, o número de comandos de natureza corretiva de irregularidades emitidos pelo TCU no tocante à fiscalização das minutas de edital e de contratos elaborados pela ANP é inferior ao número de decisões não corretivas. No entanto, do ponto de vista qualitativo, levando-se em consideração o teor dos acórdãos analisados na pesquisa, pode-se afirmar que há uma tendência do órgão de controle em produzir comandos visando a correção das minutas de editais e de contratos, o que pode evidenciar que suas decisões, do ponto de vista substancial, interferem e, por consequência, substituem as escolhas regulatórias da agência.

Por sua vez, em relação à segunda abordagem da pesquisa, voltada a aferir se a interferência do TCU poderia ter se acentuado ao longo do tempo, o que a análise dos casos concretos nos revela é o inverso. Observa-se que o controle do Tribunal de Contas é exercido de forma mais rigorosa nos primeiros anos de existência da ANP (no período de 1998 a 2004), e com o passar do tempo, ou seja, entre 2005 e 2019, se torna menos acentuado, o que se explica pela aprovação, sem ressalvas, das minutas de edital e de contratos elaborados pela agência. Pode-se entender que se instaura nesse período uma fase de conformidade das decisões da ANP aos comandos emitidos pelo órgão de controle na fase inicial de atuação da agência.

Por fim, quanto ao exame dos relatórios de auditoria operacional, esclareça-se que a análise pormenorizada dos casos concretos será realizada no próximo capítulo, que consolida a última abordagem da pes-

156 Acórdãos 3639/2013; 672/2018 e 2199/2018.

quisa, no sentido de investigar se o Tribunal de Contas pode ser considerado uma superagência em formação na indústria do petróleo.

4.3. Análise crítica das principais decisões corretivas emitidas pelo TCU

4.3.1. Acórdãos 351/1999 e 232/2002

Pela análise dos casos concretos observa-se que, desde a 1ª Rodada de Licitações, o TCU emite comandos de natureza corretiva. Nos citados acórdãos, a ANP acabou por expedir regulamentação de penalidades, tomando por base o entendimento do órgão de controle de que haveria desconformidade em razão de descumprimento de obrigações contratuais, na forma prevista no inciso XII do artigo 43 da Lei nº 9.478/97.

Quanto à citada regulamentação das penalidades, tendo por propósito prever, nos casos de descumprimento do contrato de concessão, uma gradação de penalidades, como advertência e multa, a ANP sustentou que (i) as penalidades foram previstas no contrato de concessão, parte integrante do edital e (ii) o Decreto nº 2.953, de 28 de janeiro de 1999, dispunha sobre o procedimento administrativo para a aplicação de penalidades por infrações cometidas nas atividades relativas à indústria do petróleo e ao abastecimento nacional de combustíveis.

Ainda assim, a Corte de Contas entendeu que as sanções previstas no contrato de concessão (de rescisão, execução da carta de crédito, devolução de área e reparação) eram de extrema gravidade e que as sanções previstas no citado de Decreto eram de natureza muito abrangente[157]. Trata-se de decisão corretiva por ilegalidade, pois a ANP, ao fazer sua avaliação sobre a conveniência e oportunidade de aplicar penalidades nas hipóteses de descumprimento do contrato, entende que as sanções previstas no contrato de concessão, no Decreto nº 2.953/99 e até na Lei

[157] Por incluir também penalidades relativas ao abastecimento nacional. No Acórdão 493/99 afirma o TCU que "as multas definidas no Decreto não são compatíveis com as atividades, complexas, de exploração, desenvolvimento e produção de petróleo e gás natural expostas no Edital e na Minuta de Contrato".

nº 9.847/99[158] seriam suficientes para atender a exigência do artigo 43, inciso XII, da Lei nº 9.478/97, mas vê-se obrigada a editar ato normativo para regulamentar a questão por determinação do TCU.

A despeito dos pedidos de reexame da questão pela agência, o TCU insistia na determinação da regulamentação, sendo que na 3ª Rodada, estabeleceu o prazo de 180 dias para a regularização, sob pena de não realizar mais "*nenhuma rodada de licitações até que exista norma jurídica definidora das penalidades aplicáveis às atividades da indústria do petróleo*"[159-160]. Em decisão final, após o reexame da questão, decide o órgão de controle que a agência deveria elaborar sua própria regulamentação, não bastando remissão a atos normativos já existentes:

> "cabe ressaltar que o que se pretende é a elaboração de uma regulamentação própria da ANP que atenda às especificidades dos contratos em questão, além da sua previsão nesses instrumentos. A mera menção a normativos não contempla o devido cuidado com a coisa pública que a questão merece. (...) Observa-se uma displicência no poder regulador em relação aos contratos firmados com os concessionários, além de as determinações desta Corte terem sido seguidamente ignoradas. Adicionalmente, a mera menção a normativos, na minuta do contrato, não é suficiente para atender às determinações desta Corte. Essas considerações não permitem que sejam aceitas as alegações da recorrente, o que conduz a uma proposta de negar provimento ao recurso."

[158] Dispõe sobre a fiscalização das atividades relativas ao abastecimento nacional de combustíveis, de que trata a Lei no 9.478, de 6 de agosto de 1997, estabelece sanções administrativas e dá outras providências.

[159] De acordo com o art. 250, inciso II e §3°, do Regimento Interno do TCU e do art. 58, inciso II, da Lei nº 8.443/1992 (Lei Orgânica do TCU) o descumprimento de determinação da Corte de Contas é passível de multa.

[160] A questão foi objeto de reexame no Acórdão 498/2003 tendo a ANP sustentado, em síntese, que a exigência do Acórdão 232/2002 teria sido atendida com o advento da Lei nº 9.847/99, que seria "normativo suficiente para justificar a regularização das penalidades nos contratos de concessão, pois suas regulamentações se aplicam tanto ao downstream quanto ao upstream do setor petrolífero". Ademais, a ANP, com alegado fundamento no princípio da auto-tutela, firmou aditivos aos contratos firmados com a PETROBRAS, remetendo a imputação das sanções administrativas, civis e penais à legislação pertinente.

Sob a ameaça de paralisação da 4ª Rodada de Licitações que já estava em curso durante o julgamento supracitado, a ANP acabou por ceder à determinação da Corte de Contas e editar a Portaria nº 234/2003 ("PANP 234/2003").

Percebe-se que, nessa fase inicial de criação da agência, as decisões do TCU possuem um controle aparentemente mais rigoroso, o que se repete nas rodadas iniciais de licitação, sob ameaça de não prosseguir com o procedimento licitatório enquanto não observadas pela ANP as citadas determinações e dada ciência ao Tribunal do seu efetivo cumprimento.

4.3.2. Acórdão 672/2018

A ANP conduzia, simultaneamente, duas licitações de exploração e produção de petróleo e gás natural, sob regimes distintos de contratação, na área de Saturno. Na 15ª Rodada, sob o regime de concessão, seriam ofertados em leilão os blocos S-M-645 e S-M-534 (externos ao polígono do pré-sal) e, na 4ª Rodada de Partilha, o bloco de Saturno (interno ao polígono do pré-sal).

O procedimento diferenciado de outorga se impõe por determinação do artigo 3º da Lei nº 12.351/2010 ("Lei de Partilha"). O regime de partilha da produção vigora para as áreas localizadas no polígono do pré-sal e para aquelas delimitadas como áreas estratégicas pelo Poder Executivo; por exclusão, nas demais áreas, localizadas fora do polígono do pré-sal ou que não sejam estratégicas, vigora o regime de concessão.

Em linhas gerais, a determinação da suspensão cautelar dos procedimentos de oferta pública dos blocos S-M-645 e S-M-534 se fundamenta no seguinte: (i) na publicação de edital de licitação antes da conclusão do exame do 1º estágio[161] do processo de fiscalização da concessão; (ii) falta

[161] O artigo 7º da IN nº 27/98 divide o acompanhamento do processo de fiscalização de uma concessão, em quatro estágios: (i) 1º estágio: relatórios prévios (viabilidade técnica e econômica, estudos vinculados à outorga e impacto ambiental); (ii) 2º estágio: edital e minuta de contrato; (iii) 3º estágio: habilitação; e (iv) 4º estágio: outorga. No primeiro estágio, devem ser analisados os seguintes elementos:
(a) relatório sintético sobre os estudos de viabilidade técnica e econômica do empreendimento, com informações sobre o seu objeto, área e prazo de concessão ou de permissão, orçamento das obras realizadas e a realizar, data de referência dos orçamentos, custo estimado de prestação dos serviços, bem como sobre as eventuais fontes de receitas alter-

de motivação para a segregação da área de Saturno em blocos outorgados sob regimes diferenciados (concessão e partilha de produção) e, (iii) risco de subavaliação de ativos[162].

O relatório da unidade técnica do TCU, mais especificamente, da Secretaria de Fiscalização de Infraestrutura de Petróleo e Gás Natural, denominada SeinfraPetróleo, em determinados trechos que serão apontados ao longo deste texto, parece não exercer estritamente a "fiscalização de segunda ordem" que é feita pelo TCU nos processos de desestatização envolvendo as licitações conduzidas pelas agências reguladoras.

A decisão versa ainda sobre questões que afetam a própria capacidade institucional do MME e do CNPE[163], que detêm a atribuição genérica de

nativas, complementares, acessórias e as provenientes de projetos associados; (b) relação dos estudos, investigações, levantamentos, projetos, obras e despesas ou investimentos já efetuados, vinculados à outorga, de utilidade para a licitação, realizados ou autorizados pelo órgão ou pela entidade federal concedente, quando houver; (c) relatório sintético sobre os estudos de impactos ambientais, indicando a situação do licenciamento ambiental.

162 "DESESTATIZAÇÃO. 15ª RODADA DE LICITAÇÕES PARA OUTORGA DE CONCESSÃO DE BLOCOS TERRESTRES E MARÍTIMOS PARA ATIVIDADES DE EXPLORAÇÃO E PRODUÇÃO DE PETRÓLEO E GÁS NATURAL. INDÍCIOS DE IRREGULARIDADES AFETAS AO PRIMEIRO ESTÁGIO. DESCUMPRIMENTO DE DISPOSIÇÕES DA IN-TCU 27/1998 E DE DETERMINAÇÕES DESTA CORTE. PUBLICAÇÃO DE EDITAL DE LICITAÇÃO ANTES DA CONCLUSÃO DO EXAME DO PRIMEIRO ESTÁGIO. OMISSÃO NO ENCAMINHAMENTO DE TODOS OS DOCUMENTOS QUE FUNDAMENTARAM A ESCOLHA DOS BLOCOS A SEREM OFERTADOS. AUSÊNCIA DE JUSTIFICATIVAS TÉCNICAS PARA DECISÃO DE SE PARTILHAR A ÁREA DE SATURNO EM BLOCOS OUTORGADOS MEDIANTE CONCESSÃO E EM BLOCOS OUTORGADOS POR PARTILHA DE PRODUÇÃO. CONTRADIÇÃO DE NOTAS TÉCNICAS APRESENTADAS. RISCO DE SUBAVALIAÇÃO DE ATIVOS. OITIVA PRÉVIA. ELEMENTOS INSUFICIENTES PARA DESCARACTERIZAR A FUMAÇA DO BOM DIREITO E O PERIGO NA DEMORA. AUSÊNCIA DE PERIGO NA DEMORA REVERSO. MEDIDA CAUTELAR SUSPENSIVA DO CERTAME APENAS NO QUE SE REFERE AOS BLOCOS S-M-645 E S-M-534. RESTITUIÇÃO DOS AUTOS À UNIDADE TÉCNICA PARA INSTRUÇÃO DE MÉRITO". (Acórdão 672/2018 – TCU – Plenário. Sessão: 28/03/2018)

163 O Conselho Nacional de Política Energética – CNPE, vinculado à Presidência da República e presidido pelo Ministro de Estado de Minas e Energia tem por atribuição, dentre outras especificadas no artigo 2º da Lei do Petróleo, propor ao Presidente da República políticas nacionais e medidas específicas destinadas a (i) definir os blocos a serem objeto de concessão ou partilha de produção e (ii) definir a estratégia e a política de desenvol-

propor ao Presidente da República políticas nacionais e medidas específicas destinadas à política energética nacional.

O primeiro ponto a ser destacado em relação à decisão que suspende a oferta pública dos blocos S-M-645 e S-M-534 da área de Saturno se baseia na alegada falta de motivação, mais especificamente, na ausência de parâmetros técnicos e econômicos por parte da ANP, CNPE e MME para fundamentar a escolha pela realização da licitação segregada dos blocos S-M-645; S-M-534 e do bloco de Saturno, mediante regimes diferenciados de outorga.

Aduz o relatório da SeinfraPetróleo que há o risco de unitização dos citados blocos ofertados em separado, pois compõem o mesmo reservatório petrolífero. Neste aspecto, a licitação em separado dos blocos S-M-645; S-M-534 e do bloco de Saturno violaria as melhores práticas da indústria.

Relativamente à falta de fundamentação da decisão da agência e dos demais órgãos do Poder Executivo, observa-se que a escolha da ANP foi feita em estrita observância aos parâmetros definidos na Lei de Partilha ao proceder a separação dos blocos para o leilão, sob regimes diferenciados de outorga.

O bloco de Saturno se localiza dentro do polígono do pré-sal, o que impõe a oferta sob o regime de partilha da produção, e a oferta dos blocos S-M-645 e S-M-534, localizados fora do polígono, se submete ao regime de concessão. Esclareça-se que não houve declaração da área de Saturno como estratégica por ato do Poder Executivo, hipótese que também autorizaria à ANP a realizar a oferta de todos os blocos sob um único modelo, o regime de partilha.

A atuação da agência reguladora ainda se pauta nas Resoluções expedidas pelo CNPE, que autorizaram a realização de estudos técnicos e a escolha dos blocos exploratórios específicos que integrariam o certame[164].

O CNPE, por sua vez, poderia até propor ao Presidente da República a delimitação da área de Saturno como estratégica, mas decidiu por não o fazer. A escolha pelo MME de oferta dos blocos da área de Saturno em

vimento econômico e tecnológico da indústria de petróleo, de gás natural, de outros hidrocarbonetos fluidos e de biocombustíveis, bem como da sua cadeia de suprimento.

164 Resoluções do CNPE 10, 16, 21 e 22, todas de 2017.

separado, além de alinhada com a atual política de E&P, tinha por objetivo aumentar a competitividade, viabilizar uma maior pluralidade de operadores para o fortalecimento da atividade exploratória no país, incentivar a inovação, aumentar os investimentos no setor e, com esse propósito, a adoção do modelo de concessão, por ser, em regra, menos complexo que o regime de partilha, poderia ser considerado mais atrativo.

Em que pese à atuação da ANP em conformidade com o ordenamento jurídico, o relatório da unidade técnica sustenta que a previsão legal não seria causa determinante para a divisão da área de Saturno, apontando a existência de fragilidade no processo de outorga, por não ter a agência reguladora se posicionado quanto à possível existência de áreas externas ao polígono do pré-sal com características *"que as possam qualificar como áreas estratégicas para efeito da Lei nº 12.351/2010"*.

O relatório prossegue, imputando à ANP a responsabilidade de adotar uma posição técnica sobre a qualificação da área como estratégica para encaminhar ao MME e CNPE, que deve "*adotar uma decisão, **devidamente fundamentada**, de propor ou não ao Presidente da República declarar estratégicas as respectivas áreas indicadas, a quem compete a decisão de expedição de atos finais.*"

A qualificação da área como estratégica não parece estar na esfera de competência institucional do regulador, como se extrai dos artigos 7º e 8º da Lei nº 9.478/97. A delimitação e declaração da área como estratégica é decisão de natureza política, própria da capacidade institucional do CNPE[165].

[165] "Na definição das potestades conferidas às agências, há uma que não lhe é conferida: a de definir ou de formular políticas públicas. Essa tarefa é inerente às entidades políticas. Cabe à União, aos Estados, aos Municípios e ao Distrito Federal formularem as políticas para os diversos setores regulados, cabendo às suas respectivas agências o papel de executá-las. Tomemos aqui o exemplo do setor energético a fim de verificarmos as causas de tantas desavenças entre o setor regulado, o poder central e as agências reguladoras. A Lei na 9.478/97, a lei do petróleo, além de criar a Agência Nacional do Petróleo (ANP), criou o Conselho Nacional de Política Energética (CNPE), órgão integrante da Administração direta, cuja função é a de sediar o debate, de forma multidisciplinar, sobre a problemática energética em nosso País. Temos, assim, que o CNPE fica com o encargo de definir a política energética, enquanto a regulação e execução dessas políticas ficam sob

A decisão da Corte de Contas, por sua vez, argumenta que falta fundamentação técnica e econômica por parte da agência e dos entes vinculados ao Poder Executivo para fazer a escolha pelo regime de concessão. No entanto, pode-se extrair da decisão da ANP que: (i) há imposição legal determinando a outorga sob regimes distintos; (ii) a decisão política do MME justifica a opção pela separação dos blocos e (iii) o CNPE e a ANP não podem realizar a oferta pública da citada área como se um único bloco fosse ou outorgá-lo exclusivamente sob o regime de partilha de produção sem respaldo em decisão política que defina a área como estratégica.

Essa fundamentação, apresentada tanto pela ANP como pelos órgãos vinculados ao Poder Executivo, está presente em vários trechos do relatório da SeinfraPetróleo[166] trazendo elementos que justificam a opção político-regulatória pelo regime de concessão. Nestes termos, pode-se dizer que há motivação suficiente a justificar a escolha da ANP de realizar a oferta pública dos blocos em separado, pois a decisão regulatória é dotada de razoabilidade, em estrita consonância com o texto legal e em sintonia com a política energética definida pelo CNPE e MME.

Nessa linha de raciocínio, há que se questionar se o TCU não estaria se valendo do argumento da falta de motivação ou de fundamentação da decisão da agência para impor suas próprias escolhas políticas. Com efeito, o relatório do corpo técnico do TCU sustenta que a oferta dos blocos em conjunto, exclusivamente sob o regime de partilha, é economicamente mais vantajosa para a União, a despeito do que dispõem a lei e as razões de ordem técnica e política expostas anteriormente.

O relatório da unidade técnica reconhece que a decisão pela opção mais adequada para colocar os blocos em licitação para exploração e produção de petróleo e gás natural é do gestor. No entanto, entende que a decisão de escolher o regime de concessão para a oferta dos blocos não beneficia a União, em razão de uma desvantagem de R$ 1,25 bilhão (apenas em bônus de assinatura). Portanto, a decisão não seria a melhor para as circunstâncias do caso concreto, fazendo com o que o TCU decidisse

a responsabilidade das agências ligadas a essa área: ANEEL e ANP" (*In* Furtado, Lucas Rocha. Curso de Direito Administrativo. Belo Horizonte: Editora Fórum, 2013, p.151-152).

[166] Neste aspecto, citem-se principalmente as fls. 24 a 29 do Acórdão 672/2018.

pela opção que lhe parecia mais acertada, voltada ao atendimento do interesse público.

Quanto ao argumento de irregularidade pelo fato de o edital ter sido publicado antes da conclusão do exame do 1º estágio do processo de fiscalização, a questão acerca da fiscalização de editais não publicados não é pacífica[167].

Outro ponto questionado pela Corte de Contas foi o risco de unitização[168]. Entende-se por unitização ou individualização da produção a "*operação coordenada de todas ou amplas partes do reservatório de óleo e gás pelos proprietários das áreas ou detentores de direitos quanto aos blocos situados sobre o reservatório*"[169], ou seja, quando o reservatório petrolífero ou a jazida[170] se estende para além do bloco concedido ou contratado, é preciso que haja uma articulação entre esses agentes distintos, sejam proprietários ou detentores de direitos sobre as áreas limítrofes, para viabilizar o desenvolvimento conjunto daquele reservatório.

O processo de individualização da produção nas áreas limítrofes em que se encontram tais jazidas (que passarão a ser compartilhadas entre

[167] Sobre o tema v. JORDÃO, Eduardo. A intervenção do TCU sobre editais de licitação não publicados: controlador ou administrador? Revista Brasileira de Direito Público – RBDP, Belo Horizonte, ano 12, n. 47, p. 209-230, out./dez. 2014.

[168] De acordo com a lei, a individualização da produção seria o procedimento que visa à divisão do resultado da produção e ao aproveitamento racional dos recursos naturais da União, por meio da unificação do desenvolvimento e da produção relativos à jazida que se estenda além do bloco concedido ou contratado sob o regime de partilha de produção. O procedimento de individualização da produção de petróleo, de gás natural e de outros hidrocarbonetos fluidos deverá ser instaurado quando se identificar que a jazida se estende além do bloco concedido ou contratado sob o regime de partilha de produção.

[169] LIMA, Juliana Cardoso de; RIBEIRO, Marilda Rosado de Sá. Unitização e desafios. Revista Brasileira de Petróleo, Gás e Energia, Rio de Janeiro, v.3, p. 12-27, 2012. ISSN 2317-5583. Disponível em: https://www.e-publicacoes.uerj.br/index.php/rbdp/issue/view/450. Acesso em 16.08.2020. DOI: https://doi.org/10.12957/rbdp.2012.5783

[170] Tecnicamente utiliza-se a denominação de reservatório na fase exploratória e de jazida com o reconhecimento da viabilidade econômica da atividade exploratória, ou seja, com a declaração de comercialidade. De acordo com o artigo 6º, incisos X e XI, da Lei nº 9.478/1997, o reservatório ou depósito é a configuração geológica dotada de propriedades específicas, armazenadora de petróleo ou gás, associados ou não, e a jazida significa o reservatório ou depósito já identificado e possível de ser posto em produção.

os agentes) deve ser feito de forma coordenada e equilibrada, para evitar a sua produção predatória, sempre observando as melhores práticas da indústria de petróleo e gás natural.

A função da unitização é proporcionar uma drenagem mais eficiente do reservatório identificado, com a otimização da produção e redução de custos, que serão divididos entre os proprietários ou detentores de direitos sobre as áreas em que se localizam a jazida compartilhada, mediante a formalização de um instrumento contratual denominado acordo de individualização da produção ("AIP")[171].

Em relação à questão, o posicionamento da ANP é no sentido de que as incertezas na região em que se situam os blocos não permitem uma avaliação precisa quanto aos limites dos blocos S-M-645 e S-M-534 e Saturno, idônea a justificar a instauração de um processo de unitização[172]. Assim, não se vislumbrava esse risco ao tempo da tomada de decisão quanto ao regime a ser escolhido para realizar a oferta pública dos citados blocos, pois não havia dados ou informações suficientes para a ANP concluir com exatidão pela possibilidade de existência de uma jazida compartilhada, ou seja, para confirmar que o reservatório se estendia para a área de Saturno.

Por óbvio, não se pretende sustentar aqui que a atividade regulatória não se sujeita ao controle. A intervenção judicial é admitida, por exemplo, tanto nas hipóteses em que as agências extrapolam os limites de sua atuação regulatória quanto nos casos em haja indevida intromissão de órgão distinto em suas atribuições.

Como ensina Carlos Ari Sundfeld quando a tarefa de regular é delegada ao Judiciário pelo Legislativo, os juízes devem cumprir os mesmos

[171] Observadas as diretrizes previstas nas Resoluções CNPE nº 08/2016 e 07/2017, a matéria é disciplinada pela Resolução 25/2013 da ANP que tem por objeto regular o Procedimento de Individualização da Produção de Petróleo e Gás Natural a ser adotado quando se identificar que uma Jazida de Petróleo, Gás Natural ou outros hidrocarbonetos fluidos se estende além de um Bloco concedido, cedido onerosamente ou contratado.

[172] "A região em que esses blocos está não conta com poços perfurados. Não se sabe, portanto, a exata composição das rochas do subsolo. Como esse é um parâmetro necessário ao processamento, precisa ser estimado. (...) Há, ainda, muitos dados e interpretações a serem agregadas ao modelo até que se possa inferir, com razoável certeza, os limites de uma potencial estrutura" (Item 105 do relatório técnico, p.18 do Acórdão nº 672/2018)

ônus dos reguladores pois, ao decidir com base em princípios, os juízes exercem função regulatória. Exige-se do julgador um maior ônus argumentativo na tomada de decisão[173], o que seria extensível ao órgão de controle, no sentido de "*elaborar e enunciar com clareza e precisão a regra que, a partir dos princípios, entendem dever ser utilizada em juízo (...) identificar as alternativas regulatórias existentes, antever os possíveis custos e os impactos, positivos e negativos, da nova regulação judicial*"[174].

Observa-se, no caso sob análise, que a decisão do órgão de controle na oferta pública de blocos da área de Saturno conduzida pela ANP parece se fundamentar numa análise custo-benefício, ou seja, voltada para a obtenção de maior vantagem econômica para a União.

Entende-se que o incremento de decisões dessa natureza, em que (i) as escolhas administrativas razoáveis em conformidade com o ordenamento jurídico são modificadas ao argumento de falta de motivação ou de fundamentação, tendo a análise do citado acórdão demonstrado o contrário e (ii) o órgão de controle não exerça um maior ônus argumentativo a justificar a sua escolha política, pode acabar resultando no enfraquecimento do papel da agência e conduzir a uma "subordinação" de suas escolhas regulatórias ao comando da Corte de Contas, ainda que essa escolha seja respaldada em parâmetros legais, institucionais e, sobretudo, técnicos.

[173] Consoante prevê o artigo 20 e parágrafo única da Lei 13.655/2018 ("LINDB").

[174] SUNDFELD. Carlos Ari. Direito Administrativo para Céticos. São Paulo: Malheiros, 2012, p. 83-84.

5.
O TCU e a Indústria do Petróleo: Uma Superagência em Formação?

Neste capítulo e caminhando para a última abordagem da pesquisa, ou seja, se o TCU pode ser considerado na indústria do petróleo uma superagência reguladora em formação, pretende-se utilizar os dados obtidos na análise dos casos concretos envolvendo exclusivamente as decisões proferidas nos relatórios de auditoria operacional pelo Tribunal de Contas, uma vez que se entende que o exercício de um controle de *performance* da atividade administrativa e, sobretudo da atividade regulatória, se aproxima mais do modelo de supervisão e coordenação realizado na esfera internacional.

Ao final, caso a análise não confirme a existência da hipótese suscitada acima, pretende-se apontar se há indícios do fortalecimento de sua atuação neste setor específico como uma instituição de caráter metarregulador.

Em linhas gerais, as superagências reguladoras[175] supervisionam, controlam e coordenam a atividade regulatória[176], mas suas atribuições não se restringem a esse papel. Suas atividades também consistem em obrigar os reguladores a demonstrar e justificar a relevância da regulação (potencial e existente), usando mecanismos de avaliação e *accountability*, de

[175] Para fins desse trabalho a superagência reguladora é concebida como os "*Regulatory Oversight Bodies*" ou "*ROBs*" no cenário internacional, que foram objeto de relatório de governança por parte da OCDE.

[176] Gadinis, Stavros, The Politics of Competition in International Financial Regulation. In: Harvard International Law Journal, Vol. 49, No. 2, 2008.

modo a garantir a qualidade da regulação[177]. Entende-se, para fins deste trabalho, que tal prática poderia ser concebida como uma *accountability* de *performance*.

As funções de coordenação e de supervisão asseguram que "*a reforma regulatória apresente padrões de qualidade, se cumpra com a estratégia econômica geral e que a Avaliação de Impacto Regulatório (AIR) seja feita de forma apropriada*"[178]. No exercício dessas funções as superagências revisam e aprovam regulações ou resoluções, monitoram a melhoria do papel institucional de cada agência, supervisionam o processo de elaboração de normas e se a AIR é adequadamente realizada pelas agências. Há alguns países da OCDE em que a função de supervisão abrange, inclusive, a capacidade de veto da regulação que não preencha os requisitos de qualidade.

De acordo com os dados levantados nessa pesquisa, pode-se até entender que a Corte de Contas tem exercido, em certa medida, a função de supervisão das atividades da agência reguladora, em que pese à controvérsia quanto a previsão constitucional de tal atribuição[179]. Em relação à capacidade de veto da regulação, o controle exercido pelo Tribunal de Contas é incompatível com essa característica das superagências, não tendo sido observado nos casos pesquisados quaisquer comandos dessa natureza.

Pode-se extrair do relatório de governança elaborado pela OCDE que o órgão que exerce essa função de coordenação e supervisão estaria vinculado ao Poder Executivo (no regime presidencialista) ou ao Primeiro

[177] OCDE. Oversight Bodies for Regulatory Reform. Tunisia: OCDE, 2007. Disponível em: http://www.oecd.org/mena/governance/38403668.pdf. Acesso em 27.06.2018.

[178] Esse modelo predomina nos seguintes países: Coréia ("Regulatory Reform Committee), Holanda ("Regulatory Committee"), Dinamarca ("Regulation Committee") e México ("COFEMER – Federal Regulatory Improvement Comission"). A COFEMER é vinculada ao Ministério da Economia do México, liderada por um Diretor Geral indicado pelo Presidente, tem 5 Coordenadores Gerais responsáveis por promover reformas regulatórias nas agências federais e possui um grupo de experts para analisar a regulação de diversos setores como energia, telecomunicações, transporte, saúde, meio ambiente, mercado financeiro, segurança nacional, etc.

[179] A controvérsia quanto ao papel do TCU e a fiscalização das atividades da agência reguladora foi abordada no item 2.4 da pesquisa ao cuidar da dinâmica do controle.

Ministro (no regime parlamentarista) e estaria numa posição elevada dentro da estrutura administrativa de cada país membro da OCDE.

Na União Europeia, os exemplos mais comuns são as chamadas ROBs ou "*Regulatory Oversight Bodies*". Nos EUA, temos os exemplos do OIRA ou "*Office of Information and Regulatory Affairs*" e do GAO ou "*US Government Accountability Office*".

A OCDE aponta ainda como características principais[180]: "*a capacidade de coordenação da estrutura institucional de uma perspectiva do governo como um todo*[181]*, independência e autoridade suficiente*[182]*, suporte político elevado e integração em um conceito amplo de reforma*[183]*.*"

Do ponto de vista da estrutura de organização administrativa, a maioria dos países membros da OCDE entende que para que as superagências sejam fortes e avancem nos seus objetivos, é preciso que estejam numa posição central do governo, ou seja, devem estar no mesmo nível de ministros, de agências reguladoras supervisionadas, além de próximos ao Primeiro Ministro ou diretamente vinculados às agências orçamentárias. Além disso, também podem ser instituídas na forma de comissões ou comitês parlamentares de revisão regulatória. O Tribunal de Contas, por sua vez, é descrito na Constituição da República como "auxiliar" do Poder Legislativo, mas é dotado de autonomia, o que o distingue sob a ótica da estrutura organizacional interna das superagências.

Por fim, em matéria de pessoal, o corpo técnico das superagências é dotado de expertise em diferentes áreas, mas há um forte compromisso

180 Idem, p.6.

181 A garantia de efetividade no processo de reforma regulatória demanda integração entre instituições chave do governo, a fim de que se fortaleçam os mecanismos de coordenação entre os ministros e os agentes reguladores

182 A composição dos órgãos de supervisão deve ser de *experts* e profissionais experientes de diferentes áreas de expertise. Esses órgãos dependem de informações e de capacidade de julgamento independentes, além de constante troca de conhecimento com outros órgãos e entre diferentes países. O mandato deve ser permanente para não serem afetados pelos ciclos políticos e evitar a captura.

183 Sem essa visão ampla no aspecto político, social e econômico e uma perspectiva estratégica das políticas regulatórias e das reformas a serem implementadas, esses órgãos atuarão casuisticamente, o que pode gerar falhas de coerência e de consistência no processo de decisão.

político, provavelmente por conta de sua posição centralizada e de vinculação ao Poder Executivo. Além disso, as superagências fornecem aconselhamento e apoio aos reguladores na forma de orientações e treinamento contínuo na avaliação de políticas regulatórias, o que não se coaduna com o papel do Tribunal de Contas perante a agência no cenário nacional.

Feitas essas breves considerações sobre as superagências, pode-se observar que suas características, em regra, pouco se assemelham àquelas exercidas pelos Tribunais de Contas.

Contudo, entende-se possível, em termos institucionais, fazer algumas inferências sobre a atuação do Departamento Geral de Auditoria norte-americano ("GAO"), de atuação vinculada ao Congresso norte-americano, também conhecido como os "*watch dogs*", ressalvando-se, no entanto, que a citada instituição não emite comandos corretivos, apenas recomendações ao Poder Legislativo ou ao Poder Executivo no sentido de aprimorar o desempenho dos reguladores ou das políticas governamentais.

Sob essa ótica do exercício de um controle de *performance* da atividade administrativa e, sobretudo, da atividade regulatória, passa-se a adotar como parâmetros de pesquisa as decisões da Corte de Contas na esfera das auditorias operacionais, reconhecidas por parte da doutrina e pelos organismos internacionais como auditorias de desempenho ou de *performance*[184].

As normas internacionais das Entidades Fiscalizadoras Superiores ("ISSAI") foram desenvolvidas pela Organização Internacional das Entidades Fiscalizadoras Superiores ("INTOSAI") e visam a promover a realização de auditorias independentes e eficazes pelas Entidades Fiscalizadoras Superiores (EFS). De acordo com a ISSAI, a auditoria operacional "*é o exame independente, objetivo e confiável que analisa se empreendimentos, sistemas, operações, programas, atividades ou organizações do governo estão funcionando de acordo com os princípios de economicidade, eficiência e efetividade e se há espaço para aperfeiçoamento.*"[185] Essa avaliação tem por objetivo fornecer

[184] WILLEMAN, Mariana Montebello. Accountability democrática e o desenho institucional dos Tribunais de Contas no Brasil. 2ªed. Belo Horizonte: Fórum, 2020, p. 282.

[185] Norma para auditoria operacional. ISSAI 3000. Disponível em: https://portal.tcu.gov.

novas informações, análises ou percepções e, quando apropriado, recomendações para aperfeiçoamento das atividades administrativas.

As novas informações são oferecidas de modo a (i) proporcionar novas percepções analíticas (análises mais amplas ou profundas ou novas perspectivas); (ii) tornar as informações existentes mais acessíveis às várias partes interessadas; (iii) proporcionar uma visão independente e autorizada ou uma conclusão baseada em evidência de auditoria, e (iv) fornecer recomendações baseadas em análises dos achados de auditoria[186].

Por sua vez, considerando que a auditoria operacional se correlaciona à revisão sob a perspectiva "EEE" (economicidade, eficácia e eficiência), a ISSAI também se preocupa em definir cada um desses parâmetros[187].

Os parâmetros de auditoria operacional do Departamento Geral de Auditoria norte-americano ("GAO"), que atua vinculado ao Poder Legislativo com o propósito de aprimorar a *performance* governamental e das agências executivas[188], não destoam daqueles utilizados pela ISSAI, pois também se voltam ao controle da eficiência, economicidade e efetividade das organizações, programas e atividades governamentais[189].

A fiscalização operacional volta-se para a avaliação da *performance* da atividade administrativa e recai sobre um conjunto de decisões, distin-

br/fiscalizacao-e-controle/auditoria/normas-internacionais-das-entidades-fiscalizadores-superiores-issai/ . Acesso em 07.09.2019.

186 Norma para auditoria operacional. ISSAI 3000. Disponível em: https://portal.tcu.gov.br/fiscalizacao-e-controle/auditoria/normas-internacionais-das-entidades-fiscalizadores-superiores-issai/ . Acesso em 07.09.2019.

187 "O princípio da economicidade significa minimizar os custos dos recursos. Os recursos usados devem estar disponíveis tempestivamente, em quantidade suficiente, na qualidade apropriada e com o melhor preço. O princípio da eficiência significa obter o máximo dos recursos disponíveis. Diz respeito à relação entre recursos empregados e produtos entregues em termos de quantidade, qualidade e tempestividade. O princípio da efetividade diz respeito a atingir os objetivos estabelecidos e alcançar os resultados pretendidos" (In Orientações sobre conceitos centrais para auditoria operacional. ISSAI 3100. Disponível em: https://portal.tcu.gov.br/fiscalizacao-e-controle/auditoria/normas-internacionais-das-entidades-fiscalizadores-superiores-issai/ . Acesso em 07.09.2019)

188 Disponível em: https://www.gao.gov/about/what-gao-is/ . Acesso em 14.11.2019.

189 Sobre o tema ver POLLITT, Christopher *et al.* Desempenho ou legalidade? Auditoria operacional e de gestão pública em cinco países. Tradução de Pedro Buck. Belo Horizonte: Fórum, 2008, p. 41.

tamente da fiscalização de conformidade, em que atos e condutas são avaliados isoladamente[190]. Trata-se de fiscalização voltada para o aprimoramento da informação e da segurança sobre a qualidade da gestão de recursos públicos.

Neste aspecto, a auditoria operacional será o meio empregado por essa fiscalização para aferir: (i) como os recursos públicos estão sendo aplicados na atividade administrativa sob a perspectiva do "EEE"; (ii) a qualidade dos sistemas de informação e (iii) a capacidade de entrega dos resultados pelos órgãos públicos, incluindo a análise de indicadores de *performance*[191].

De acordo com Jacoby Fernandes, a auditoria operacional avalia um conjunto de operações e indica os procedimentos a serem revistos, tendo por finalidade precípua o aperfeiçoamento das atividades administrativas para a consecução da missão institucional, "*servindo muito mais à administração que pretenda uma radiografia da sua performance*"[192]

A partir da compreensão de que a auditoria operacional se assemelha à *accountability* de *performance* e se norteia por critérios de economicidade e legitimidade, entende-se que a fiscalização exercida pelo TCU não comportaria comando corretivos – ao revés, deveria se restringir a recomendações. Essa linha de raciocínio está em sintonia com a definição de Robert Behn, principalmente ao afirmar que, por se tratar o controle de *performance* de uma busca pelo atingimento de resultados com os recursos públicos existentes, não se exerce por regras[193].

[190] SUNDFELD, Carlos Ari; CAMARA, Jacintho Arruda. SUNDFELD, Carlos Ari; CAMARA, Jacintho Arruda. Competências de controle dos Tribunais de Contas – possibilidades e limites. In: SUNDFELD, Carlos Ari (Org). Contratações públicas e seu controle. São Paulo: Malheiros, 2013, p.187.

[191] DYE, Keneth M. Corrupt and Fraud Detection by Supreme Audit Institutions. *In* SHAH, Anwar (coord.) Performance Accountability and Combating Corruption. Washington D.C., The World Bank, 2007, p.313. Op. Cit. ROSILHO, André. Tribunal de Contas da União – Competências, Jurisdição e Instrumentos de Controle. São Paulo: Quartier Latin, 2019, p. 123.

[192] FERNANDES, Jorge Ulisses Jacoby. Tribunais de Contas do Brasil: jurisdição e competência. 2ªed. Belo Horizonte: Fórum, 2005, p. 313.

[193] *In* BEHN, Robert D. Rethinking democratic accountability. Washington: Brooking Institution Press, 2001, p. 113. Op. Cit. WILLEMAN, Mariana Montebello. Accountability

Tal conclusão se infere da própria essência da auditoria operacional, que se volta para a qualidade das despesas governamentais empregadas na atividade administrativa, sem se preocupar com o fato de cumprirem, ou não, requisitos formais de validade[194].

Não se pode deixar de destacar o efeito positivo da fiscalização exercida pela Corte de Contas no âmbito das auditorias operacionais, pois como bem acentua André Rosilho[195]:

> "A afirmação está calcada no fato de o Tribunal (1) ocupar posição institucional privilegiada (observador externo independente), (2) possuir corpo técnico plural e qualificado, (3) possuir estrutura interna sofisticada e especializada nos mais variados nichos do Estado e (4) ser capaz de centralizar dados e informações advindas de toda a Administração Pública – em tese permitindo-lhe identificar gargalos e refletir sobre melhores práticas na Administração."

A despeito disto, o que se verifica é que o TCU, ao invés de reunir essas informações sobre o funcionamento da Administração Pública e, por consequência, da ANP, na prática, não se limita a fazer as recomendações voltadas para o aprimoramento das políticas adotadas pela agência.

Tal assertiva pode ser confirmada pelo exame detido dos relatórios de auditoria operacional. A análise dos acórdãos do TCU revela que, nas fiscalizações operacionais exercidas sobre a atividade da ANP, prevalecem comandos corretivos sob a forma de "recomendações". Dentre os 11 (onze) acórdãos pesquisados, extraem-se 13 (treze) produtos de fiscalização, na forma de 12 (doze) decisões corretivas por ilegalidades e 1 (uma) decisão não corretiva.

A pesquisa demonstra um número significativo de decisões de natureza corretiva, conquanto sejam denominadas nos acórdãos pelo órgão de controle como "recomendações". Com o propósito de se confirmar

democrática e o desenho institucional dos Tribunais de Contas no Brasil. 2ªed. Belo Horizonte: Fórum, 2020, p. 281-282.

194 Rosilho, André. Tribunal de Contas da União – Competências, Jurisdição e Instrumentos de Controle. São Paulo: Quartier Latin, 2019, p. 313.

195 Idem, p.315-316.

tal assertiva, citem-se, a título exemplificativo, algumas das fragilidades na atuação da agência apontadas pelo TCU nos acórdãos analisados: (i) em relação às metodologias aplicadas pela ANP, seja quanto à inspeção dos sistemas de medição da produção de petróleo e gás natural[196]; (ii) em relação ao sistema de fiscalização, pagamento e distribuição de participações governamentais[197] ou, ainda (iii) relativamente à necessidade de elaboração por parte da ANP de ato normativo específico ou de Manual de Atividades de fiscalização[198].

Outro ponto de atenção observado na pesquisa diz respeito à falta de clareza para a agência do significado das "recomendações" e "determinações" do TCU, sendo ambos tratados indistintamente como comandos.

Na tentativa de distinguir "determinações" e "recomendações" extrai-se da redação do artigo 250 do Regimento Interno do TCU (RITCU) que, diante de uma determinação, adota-se uma providência voltada à correção de ilegalidade (ordem) enquanto que, em face de uma recomendação, adota-se uma providência quando houver uma oportunidade de melhoria de desempenho (sugestão).

De acordo com a orientação de Vera Monteiro e André Rosilho, o Tribunal de Contas, ao julgar matéria versando sobre o controle das agências reguladoras, que posteriormente se firmou como um paradigma em termos de controle da regulação[199] acabou por criar um padrão de distinção entre a determinação e a recomendação em que: (i) atos vinculados tidos por irregulares produzirão 'determinações'; (ii) atos discricionários eivados de vício de legalidade produzirão 'determinações'; e (iii) atos discricionários não eivados de vício de legalidade poderão, no máximo, gerar 'recomendações'[200].

[196] Acórdão 657/2013.

[197] Acórdão 3253/2013.

[198] No Acórdão 2317/2010 para regular a fiscalização de participações governamentais, no Acórdão 2815/2012 relativamente às regras de conteúdo local e no Acórdão 657/2013 sobre os sistemas de medição da produção de petróleo e gás natural.

[199] Acórdão 1703/2004.

[200] Esse padrão está escorado em duas premissas. A primeira delas é a de que recomendar não significaria o mesmo que determinar – em tese, recomendações seriam menos interventivas (ou invasivas) do que determinações. A segunda premissa é a de que ao TCU seria vedado impor às agências reguladoras medidas que interferissem na discricionarie-

Os autores, no entanto, reconhecem que a despeito da criação do padrão indicado no citado acórdão, de fato, um olhar mais cuidadoso da jurisprudência da Corte de Contas revela que os efeitos práticos das determinações e recomendações acabam sendo os mesmos, pois as categorias *"em si consideradas, não são tão diferentes assim e potencialmente produzem efeitos muito similares (ou até mesmo idênticos) no tal 'jogo regulatório'"*.[201]

Floriano Marques Neto e outros[202], inclusive, criticam a ausência de uma sistematização específica no RITCU, o que gera o uso das expressões "recomendação" e "determinação" indistintamente pelo órgão de controle. Entende-se até que mesmo em sede de auditorias operacionais – que, por natureza, são associadas às recomendações –, o conteúdo da decisão pode não parecer ao regulador uma mera sugestão de aprimoramento no desempenho de suas atividades.

O que se pode observar, neste contexto, é que a ANP respeita as orientações feitas do TCU que impactem diretamente sobre sua estrutura organizacional interna ou sobre o desempenho de suas funções regulatórias. Constata-se que, independentemente da terminologia utilizada pela Corte de Contas nos citados acórdãos de auditoria operacional, seja no sentido de "recomendar", "cientificar", "apontar", "aconselhar" ou outras expressões que poderiam ser entendidas como desprovidas de um comando direto, voltado para a correção de uma prática adotada pela ANP ou quaisquer de suas superintendências, essas "orientações" são acatadas pela agência.

Com o propósito de comprovar a afirmação feita acima, realiza-se um levantamento dos Relatórios de Gestão da ANP divulgados em seu sítio eletrônico desde 2010, que, em tópico específico denominado "Delibe-

dade técnica delimitada por suas leis de criação. (*In* Monteiro, Vera; Rosilho, André. Agências Reguladoras e o controle da regulação pelo Tribunal de Contas da União. In Pereira Neto, Caio Mario da Silva e Pinheiro, Luís Felipe Valerim (orgs). Direito da Infraestrutura. v. 2, São Paulo: Saraiva, 2017, p. 40-41).

201 Idem, p. 47.

202 Marques Neto, Floriano de Azevedo et al. Reputação institucional e o controle das Agências Reguladoras pelo TCU. Revista de Direito Administrativo, Rio de Janeiro, v. 278, n. 2, p. 37-70, set. 2019. ISSN 2238-5177. Disponível em: http://bibliotecadigital.fgv.br/ojs/index.php/rda/article/view/80048 . Acesso em: 12.11.2019. doi:http://dx.doi.org/10.12660/rda.v278.2019.80048, p. 50.

rações do TCU atendidas no exercício" ou "Cumprimento das Deliberações do TCU", apresentam as justificativas para o não atendimento das deliberações do Tribunal de Contas à época da fiscalização operacional e apontam as medidas implementadas pela agência para o seu cumprimento naquele exercício.

Considerando que, na pesquisa realizada em sede de fiscalização operacional, foram analisados 11 (onze) acórdãos e somente foi possível acessar os dados relativos às deliberações do TCU citados nos relatórios de gestão da ANP a partir de 2010, utilizam-se como parâmetro para essa investigação um total de 8 (oito) acórdãos, dentre os 11 (onze) pesquisados e adiante listados:

Relatório de Gestão ANP 2010[203]

Deliberações expedidas pelo TCU	
Acórdão 2317/2010 – Plenário	
Órgão/entidade objeto da determinação e/ou recomendação	ANP
Providências adotadas – Setor responsável	Superintendência de Controle de Participações Governamentais – SPG e Corregedoria – CRG
Síntese da providência adotada ou a justificativa para o seu não cumprimento	Por meio do Ofício nº 053/2010/AUD de 29/10/2010, foi informado ao TCU as medidas que foram adotadas pela Agência para cumprimento das recomendações/determinações constantes do Acórdão.
Síntese dos resultados obtidos	As áreas responsáveis pelo assunto tomaram ciência do teor do acórdão e providenciaram o atendimento.

FIGURA 3 – Tabela com as recomendações atendidas pela ANP no exercício 2010.
Fonte: ANP

203 A íntegra do relatório e da tabela com as deliberações do TCU se encontram no sítio eletrônico da ANP. Disponível em: http://www.anp.gov.br/images/Auditoria/Relatorio-de-Gestao-ANP_2010.pdf. Acesso em 28.11.2019.

Relatório de Gestão ANP 2011[204]

Deliberações expedidas pelo TCU	
Acórdão 2261/2011 – Plenário	
Órgão/entidade objeto da determinação e/ou recomendação	ANP
Providências adotadas – Setor responsável	Secretaria Executiva – SEC
Justificativa para o seu não cumprimento	Encaminhado o Memorando nº 184/2011/AUD para o Diretor Geral, Diretores e Secretaria Executiva – SEC, para conhecimento e providências necessárias. Por meio do Ofício nº 173/2011/DG-ANP o Diretor Geral, encaminhou as informações/esclarecimentos solicitados. O item 9.1 do referido Acórdão determina que a ANP e outras Agências Reguladoras disciplinem em seus regulamentos a forma de substituição dos conselheiros e diretores em seus impedimentos ou afastamentos regulamentares ou ainda no período de vacância que anteceder à nomeação de novo conselheiro ou diretor, a Secretaria Executiva informou que deverá submeter a Procurador-Geral da ANP e posteriormente ao Diretor-Geral proposta que atenda à recomendação do TCU. A Secretaria também entende que essa proposta implicar alteração do Decreto nº 2.455/1998, e por essa razão deverá cumprir os trâmites mencionados, antes de ser levada em sua versão final para a Diretoria Colegiada. A SEC entende que somente da maneira descrita a questão poderá ser disciplinada. Ressaltando que o Acórdão nº 2.261/2011-TCU – Plenário indica que as demais Agências Reguladoras devem seguir o exemplo da ANATEL, que no Decreto nº 2.338/97 (aprova seu regulamento e dá

204 A íntegra do relatório e da tabela com as deliberações do TCU se encontram no sítio eletrônico da ANP. Disponível em: http://www.anp.gov.br/images/Auditoria/Relatorio-de-Gestao-ANP_2011.pdf . Acesso em 28.11.2019.

Deliberações expedidas pelo TCU	
	outras providências) estabeleceu que o Presidente da República, mediante Decreto, deverá escolher e designar servidores, que são indicados em lista proposta pelo Colegiado da ANATEL, para substituir os Diretores, nos períodos a que se refere este item 9.1; O item 9.2 do referido Acórdão recomenda que a ANP e outras Agências Reguladoras estabeleçam em norma prazos razoáveis para disponibilização dos relatórios de análise das contribuições recebidas em audiência/consultas públicas, a SEC informou que na Resolução de Diretoria n° 210/2011 aprovou a revisão da Instrução Normativa ANP n° 8/2004, que define os procedimentos necessários à realização de Consulta e Audiência Públicas, e que, em seu item 5.2.1.3, estabelece: 5.2.1.3 Após a Consulta Pública, a unidade organizacional responsável deverá elaborar relatório contendo as sugestões e os comentários recebidos, na fase de Consulta Pública, o qual será disponibilizado ao público interessado, no sítio da ANP na Internet, por no mínimo cinco dias, antes da Audiência Pública. O item 9.3 do referido Acórdão recomenda que a ANP e outras Agências Reguladoras vinculem hierarquicamente suas unidades de auditoria interna aos respectivos órgãos colegiados, a SEC informou que a Auditoria Interna da ANP consta no Regimento Interno da ANP como órgão de assessoramento da Diretoria Colegiada, juntamente, com a Secretaria Executiva e a Procuradoria-Geral e está também vinculada administrativamente ao Diretor-Geral. A SEC pretende na revisão do Regimento Interno que irá propor aperfeiçoar o envolvimento da Auditoria com a Diretoria Colegiada; O item 9.4 do referido Acórdão recomenda que a ANP e outras Agências Reguladoras estabeleçam requisitos mínimos de transparência de seus processos decisórios, tendo por parâmetro os procedimentos adotados pela ANEEL, a SEC informou que

Deliberações expedidas pelo TCU	
	na Resolução de Diretoria nº 632/2011 foi aprovada a revisão da Instrução Normativa ANP nº 1/1999, que regulamentou a Reunião Pública de Diretoria. Superados problemas técnicos e de contratação, a Agência deverá abrir as reuniões de seu colegiado ao público, pela internet, no primeiro trimestre de 2012; O item 9.5 do referido Acórdão que recomenda que a ANP e outras Agências Reguladoras estruturem políticas voltadas à ampla divulgação de suas ações, em especial aquelas de maior apelo e impacto social, com foco e linguagem adequados, a SEC informou que a ANP, dentre outras ações, vem aperfeiçoando seu processo de audiência e consulta pública e atualmente já realiza a divulgação das contribuições recebidas, bem como vem adaptando suas Notas Técnicas para uma linguagem cada vez mais acessível aos usuários. Também vale ressaltar que atualmente as decisões da Diretoria Colegiada, tomadas em sua reunião semanal, são divulgadas na internet praticamente instantaneamente.

FIGURA 4 – Tabela com as recomendações atendidas pela ANP no exercício 2011.

Fonte: ANP

Relatório de Gestão ANP 2012[205]

Deliberações expedidas pelo TCU	
Acórdão 2815/2012 – Plenário	
Órgão/entidade objeto da determinação e/ou recomendação	ANP
Setor responsável pela implementação	Coordenadoria de Conteúdo Local – CCL

[205] A íntegra do relatório e da tabela com as deliberações do TCU se encontram no sítio eletrônico da ANP. Disponível em: http://www.anp.gov.br/images/Auditoria/Relatorio-de-Gestao-ANP_2012.pdf . Acesso em 28.11.2019.

Deliberações expedidas pelo TCU	
Justificativa para o seu não cumprimento	Encaminhado Memorando nº 221/2012/AUD para os setores responsáveis com a cópia do acórdão para conhecimento e providências cabíveis, com as determinações e recomendações relativas à Auditoria Operacional realizada pela ANP. Por meio do Ofício nº 004/2013/AUD de 04/02/2013, foram encaminhadas a SefidEnerg as informações/esclarecimentos fornecidos pela Coordenadoria de Conteúdo Local. A CCL apresentou Plano de Ação e Cronograma de adoção de medidas necessárias ao atendimento das determinações e recomendações ao Acórdão.

FIGURA 5 – Tabela com as recomendações atendidas pela ANP no exercício 2012.
Fonte: ANP

Relatório de Gestão ANP 2014[206]

Deliberações expedidas pelo TCU	
Acórdão 3253/2013- Plenário	
Órgão/entidade objeto da determinação e/ou recomendação	ANP
Setor responsável pela implementação	Superintendência de Controle de Participações Governamentais - SPG e Núcleo da Fiscalização da Medição de Petróleo e Gás Natural - NFP.

[206] A íntegra do relatório e da tabela com as deliberações do TCU se encontram no sítio eletrônico da ANP. Disponível em: http://www.anp.gov.br/images/Auditoria/Relatorio-de-Gestao-ANP_2014.pdf. Acesso em 28.11.2019.

Deliberações expedidas pelo TCU	
Justificativa para o seu não cumprimento	Encaminhado Memorando nº 174/2013/AUD para ás áreas técnicas responsáveis, para conhecimento e providências, cópia do Acórdão nº 3.253/2013-Plenário, relativo a auditoria de natureza operacional realizada na ANP com o objetivo de avaliar o processo de cálculo e pagamentos das participações governamentais devidas em função da produção de petróleo e gás natural, além dos aspectos relacionados à medição da produção desses hidrocarbonetos no país. A Diretoria II, por meio do Memorando nº 007/2014/DIR-III, informou que no decorrer de 2014, a SPG irá trabalhar para o atendimento às recomendações feitas pelo TCU, listadas no Acórdão n° 3.253/2013-TCU/Plenário, especificamente no que concerne aos procedimentos de controle sobre o cálculo, o pagamento e a distribuição das participações governamentais, bem como sobre os processos de fiscalização "in loco" dos sistemas de medição, instruídos pelo Núcleo de Fiscalização da Medição da Produção de Petróleo e Gás natural (NFP). Foi encaminhado ao TCU, o Ofício nº 020/2014/AUD com a atualização das informações referentes aos itens 9.1.1 e 9.1.2. Foi encaminhado ao TCU, o Ofício nº 039/2014/AUD com a atualização das informações referentes aos itens 9.1.1 e 9.1.2 (NFP), assim como dos itens 9.2.1, 9.2.2, 9.2.3, 9.2.4, 9.2.5, 9.2.6, 9.4.1, 9.4.2 (SPG). A SPG enviou o Memorando nº 120/2015/SPG para a Auditoria em 11 de maio de 2014. O Memorando apresenta o status dos itens 9.2.1, 9.2.2, 9.2.3, 9.2.4, 9.2.5, 9.2.6. Os itens 9.2.1, 9.2.2, 9.2.3 e 9.2.5 es-

Deliberações expedidas pelo TCU	
	tão atendidos e os itens 9.2.4 e 9.2.6 permanecem pendentes de atendimento. Em 11 de março de 2015, foi encaminhado o Ofício nº 017/2015/AUD para o TCU com as informações com o status atualizado das recomendações listadas no Acórdão nº 3253/2013

Figura 6 – Tabela com as recomendações atendidas pela ANP no exercício 2014.
Fonte: ANP

Esclareça-se que, de todos os acórdãos pesquisados, somente aqueles constantes dos Relatórios de Gestão da ANP dos anos de 2015 (Acórdãos 240/2015 e 615/2015[207]) e de 2016 (1409/2016 e 3072/2016[208]) não haviam sido atendidos ao tempo de sua divulgação no sítio eletrônico da agência. No entanto, como se pode verificar das planilhas inseridas abaixo e extraídas dos citados relatórios, percebe-se a clara intenção da ANP em cumprir as "recomendações" feitas pelos Tribunais de Contas, tendo apresentado como justificativa para o seu não atendimento até a divulgação do relatório o fato de ainda estar dentro do prazo designado pelo TCU.

207 A íntegra do relatório e da tabela com as deliberações do TCU se encontram no sítio eletrônico da ANP. Disponível em: http://www.anp.gov.br/images/Auditoria/Relatorio-de-Gestao-ANP_2015.pdf. Acesso em 28.11.2019.

208 A íntegra do relatório e da tabela com as deliberações do TCU se encontram no sítio eletrônico da ANP. Disponível em: http://www.anp.gov.br/images/Auditoria/Relatorio-de-Gestao-ANP_2016.pdf. Acesso em 28.11.2019.

Tabela 35 – Deliberações dos Acórdãos – TCU – 2016

DELIBERAÇÕES DOS ACÓRDÃOS 2015			
ACÓRDÃO	Nº DE RECOMENDAÇÕES	Nº DE DETERMINAÇÕES	QUANTIDADE ATENDIDA
615/15	03	---	---
1215/15	---	01	---
1281/15	---	12	08
3348/15		01	---
240/15	05	---	---
2986/15	---	03	03
1344/15	---	01	---
TOTAL	08	18	11

FIGURA 7 – Tabela extraída do Relatório de Gestão: item 8.1 referente ao tratamento das determinações e recomendações do TCU no exercício 2015

Fonte: ANP

Tabela 35 – Deliberações dos Acórdãos – TCU – 2016

449/2016	Não há	Não há	---
1409/2016	04	02	06
1941/2016	Não há	Não há	---
1942/2016	Não há	Não há	---
2037/2016	Não há	Não há	---
2578/2016	01	01	01
2929/2016	Não há	Não há	---
3072/2016	---	01	
3168/2016	Não há	Não há	---
3169/2016	Não há	Não há	---
6168/2016	---	01	01
TOTAL	05	06	08

FIGURA 8 – Tabela extraída do Relatório de Gestão: item 8.1 referente ao tratamento das determinações e recomendações do TCU no exercício 2016.

Fonte: ANP

Em reforço ao argumento de que a ANP respeita as decisões do TCU, ainda que sob a forma de "recomendações", também não se verifica, no âmbito da pesquisa, quaisquer divergências por parte da agência quanto ao conteúdo das decisões emitidas em sede de auditorias operacionais que tenham suscitado a interposição de pedido de reexame da decisão proferida pela Corte de Contas.

Em síntese, pode-se concluir que, no tocante à fiscalização operacional, também há interferência por parte do TCU na atividade da ANP, tanto do ponto de vista quantitativo como qualitativo. As decisões corretivas são numericamente superiores às decisões não corretivas e, além disso, pode ser observado com clareza nos acórdãos analisados que o Tribunal de Contas emite comandos, ainda que sob a feição de "recomendações" ou de "sugestões", que seriam as medidas mais condizentes com as auditorias operacionais, voltadas ao aprimoramento da *performance* da atividade da ANP.

Outro ponto que merece atenção diz respeito ao fato de que as "recomendações" e "determinações" são tratadas indistintamente pelo órgão de controle.

Assim, independentemente da terminologia utilizada pela Corte de Contas nos acórdãos de fiscalização operacional, seja no sentido de "recomendar", "cientificar", "apontar", "aconselhar" ou outras expressões que poderiam ser entendidas como desprovidas de um comando direto, voltado para a correção de uma prática adotada pela ANP ou quaisquer de suas superintendências, essas "orientações" são acatadas pela agência, o que pode ser comprovado pelo levantamento dos Relatórios de Gestão da ANP divulgados no sítio eletrônico da agência desde 2010.

A pesquisa demonstra, por fim, que há a interferência do TCU e que prevalecem as decisões corretivas nas auditorias operacionais conquanto, em tese, os comandos possam ser considerados incompatíveis com o modelo da fiscalização operacional, voltado ao aprimoramento do desempenho das estruturas administrativas.

Nessa linha de raciocínio, considerando-se que as características do TCU não guardam similaridade com aquelas desempenhadas pelas superagências no cenário internacional e, demonstrada a existência de interferência do TCU nas escolhas da ANP, seria possível afirmar que a pesquisa contribui para reforçar o *status* do TCU como metarregulador na contestação de escolhas regulatórias neste setor regulado?

A metarregulação se trata de um conceito que comporta diferentes significados, de acordo com a abordagem empregada[209].

Adota-se na pesquisa o significado mais amplo de metarregulação. Em outras palavras, no caso sob estudo, considerando a interferência do TCU nas escolhas da ANP, pode-se dizer que haveria uma interação entre aquele "regulador" externo e a agência reguladora caracterizada pelas decisões corretivas emitidas tanto na fiscalização das minutas de edital e de contratos como no controle de performance da atuação da agência realizado nas auditorias operacionais. Sob essa perspectiva é que a metarregulação seria entendida como um processo de regulação do regulador[210].

Em reforço ao argumento, esclareça-se que, no período de junho/2016 a março/2017 foi realizada pesquisa pela *London School of Economics and Political Science – LSE,* a pedido do governo brasileiro[211], voltada para a melhoria da regulação das infraestruturas logísticas no Brasil, com foco na esfera federal, dada a sua relevância no cenário econômico do país.

[209] Sob uma perspectiva mais restrita, a metarregulação significa a interação entre a regulação estatal e a autorregulação e, por uma visão mais ampla, é conceituada como a interação entre diferentes atores e níveis regulatórios. Esta última abordagem é a utilizada na pesquisa e é conhecida como "metarregulação institucional", mais especificamente, como a "regulação de uma instituição [regulatória] por outra". Sobre o tema, v. Coglianese, Cary; Mendelson, Evan. Meta-Regulation and Self-Regulation. In Baldwin, Robert; CAVE, Martin; Lodge, Martin. The Oxford Handbook of Regulation. Oxford: Oxford University Press, 2013, p. 147 e Parker, Christine; Braithwait, John. Conclusion. In C. Parker, C. Scott, N. Lacey, Braithwait, J (eds.), Regulating Law, New York: Oxford University Press, 2004, p. 269-289. Disponível em: http://www.anu.edu.au/fellows/jbraithwaite/_documents/Chapters/RegLaw_Conclusion_2004.pdf . Acesso em: 29.08.2020. Segundo os autores *"Meta-regulation is thus one important strategy for the possibility, only the possibility, of coherence to be retrieved at times from contestation in conditions of complexity".*

[210] Coglianese, Cary; Mendelson, Evan. Meta-Regulation and Self-Regulation. In Baldwin, Robert; Cave, Martin; Lodge, Martin. The Oxford Handbook of Regulation. Oxford: Oxford University Press, 2013, p. 150.

[211] A pesquisa foi solicitada durante a presidência de Dilma Roussef e prosseguiu após a posse do presidente Michel Temer.

Em linhas gerais, o estudo, apesar de reconhecer o avanço na tentativa de resolução de problemas relacionados com a governança e à capacidade regulatória diagnosticados, sugere maior diálogo entre os ministérios e os reguladores, em termos de aprimoramento da governança, e o fortalecimento de metodologias como a da "discricionariedade disciplinada", baseada em programa veiculado à época pelo PRO-REG (cuja ênfase era necessidade de capacitação dos reguladores).

O referido estudo, ao apontar a necessidade de aprimoramento da capacidade regulatória e de pessoal dos ministérios que atendem ao setor de infraestrutura, indica que também é preciso fortalecer o papel das agências reguladoras como um mecanismo apto a combater a influência de órgãos institucionalmente mais poderosos, como o TCU e o BNDES.

Nesse aspecto, a pesquisa reconhece que, na esfera da regulação de infraestrutura brasileira, o Tribunal de Contas pode estar assumindo a qualidade de instituição metarreguladora, em termos de contestação das decisões regulatórias[212].

Considerando a análise dos casos concretos envolvendo o controle do TCU sobre os processos de desestatização de E&P (fiscalização sobre as minutas de edital e contrato) e sobre os relatórios de auditoria opera-

[212] "Em relatório de pesquisa sobre a regulação da infraestrutura brasileira, desenvolvido no âmbito da Centre of Analysis of Risk and Regulation (CAAR) da London School of Economics and Political Science e da RAND Europe, Martin Lodge, Christian van Stolk, Julia Batistella-Machado, Marco Hafner, Daniel Schweppenstedde e Martin Stepanek apontam que: 'o TCU tornou-se, cada vez mais, um 'meta-regulador' na contestação das decisões regulatórias. Este papel é, por vezes, considerado problemático, pois as opiniões do TCU não refletiam o ambiente de decisão regulatória e se concentravam especificamente no 'custo-benefício'. Em paralelo, o TCU também se transformou em um 'amigo' ao apoiar (ou 'proteger') as decisões técnicas contra as demandas politicamente orientadas. Considera-se que o TCU possui mais capacidade do que as agências reguladoras. No entanto, embora o papel de 'meta-regulador' (voluntário ou involuntário) do TCU ofereça conhecimento técnico adicional e consistência no processo de decisão, esse papel não se encaixa adequadamente na jurisdição geral do TCU". (*In* Regulação da infraestrutura logística no Brasil. Disponível em: http://www.lse.ac.uk/accounting/assets/CARR/documents/Impact/Regulation-of-LogisticsInfrastructures-in-Brazil/Brazil-infrastructure-logistics-translated-FINAL.pdf). *Apud* GRUPO PÚBLICO DA FGV DIREITO SP/SBDP. **Observatório do TCU: julgamentos de março e abril de 2018**. São Paulo, SP, 2018. Disponível em: https://direitosp.fgv.br/grupos/grupo-publico . Acesso em 10.01.2018.)

cional (controle sobre a *performance* da atuação administrativa da ANP), seria possível utilizar o diagnóstico resultante da pesquisa para concluir que, na indústria do petróleo, a perspectiva mais abrangente da metarregulação institucional também se opera.

A pesquisa apresenta ainda indícios de que o papel da agência reguladora poderia estar se enfraquecendo ao se subordinar às decisões do Tribunal de Contas, nas situações em que este questiona suas escolhas regulatórias, bem como de que o órgão de controle poderia estar assumindo no setor de petróleo e gás natural o *status* de uma instituição inclinada a "regular" a ANP.

6. Conclusões

Em síntese, a primeira abordagem da pesquisa propunha que uma análise preliminar poderia conduzir ao entendimento de que o TCU não interfere nas escolhas regulatórias da ANP, sob o ponto de vista quantitativo, considerando as escolhas realizadas pela agência no âmbito da oferta pública de blocos exploratórios e estratégicos.

No entanto, o elemento quantitativo e a situação representada no gráfico (Figura 1), não permitem afastar a existência desse viés, pois as decisões corretivas emitidas pelo órgão de controle, apesar de numericamente inferiores, são substancialmente interventivas.

A afirmação é demonstrada pelo teor das decisões consideradas substancialmente interventivas (Figura 2), pois o Tribunal de Contas determina a revisão das minutas de edital e de contratos submetidas à sua apreciação, em sua maioria, por falta de motivação do gestor mas, em contrapartida, não se propõe a apresentar justificativa que demonstre por qual motivo específico (que não seja o recurso a princípios abstratos) sua decisão seria mais acertada em comparação com a escolha regulatória realizada pela ANP.

Assim, do ponto de vista qualitativo, pode-se deduzir indícios de que as decisões do TCU na fiscalização das minutas de edital e de contratos elaborados pela agência, substituem, de forma substancial, as escolhas regulatórias da ANP, seja ao efetuar a revisão das minutas (i) por violação à lei, atos ou procedimentos normativos ou (ii) por falta de motivação do gestor, nas hipóteses de ausência de justificativa para a escolha regulatória ou de norma específica elaborada pela agência para o tratamento da matéria.

Quanto à segunda abordagem empregada, no sentido de analisar se a intervenção poderia estar se acentuando ao longo do tempo, a premissa não se confirmou, pois, no início da pesquisa, cogitou-se que as primeiras decisões da Corte de Contas em questões regulatórias poderiam ser recomendações ao tempo da criação da agência e, com o passar do tempo, evoluir para a emissão de comandos ou determinações.

Apesar de parecer não existir uma racionalidade no procedimento empregado pelo TCU para a realização do controle sobre as escolhas regulatórias da ANP, observa-se, pelos casos estudados, que a interferência é mais significativa ao tempo de criação da agência. De certa forma, deduz-se que a atuação da Corte de Contas segue um viés paternalista em relação à atuação da agência reguladora. Ou seja, o Tribunal tende a exercer um controle mais intenso na "infância" (na fase inicial de constituição da ANP) e, conforme a agência adquire "maturidade" (diga-se, em termos institucionais), esse controle se dilui.

Essa metáfora é interessante para contextualizar como a fiscalização da atividade da agência tem sido realizada pelo TCU ao longo do tempo. Nesse aspecto, apesar de ter sido cogitado inicialmente que o controle exercido pelo TCU começaria mais tênue (com a emissão de recomendações) e se tornaria mais rigoroso com o tempo (na forma de determinações), os dados obtidos na pesquisa apontam o inverso.

O Tribunal de Contas, à época da criação da ANP, exerceu um controle bem mais rigoroso, com um índice maior de decisões corretivas. Constata-se, inclusive, que, com o passar do tempo, o TCU passa a emitir decisões não corretivas que aprovam, sem ressalvas, as minutas de edital e de contrato elaboradas pela ANP.

Outra situação interessante foi evidenciada com a comparação entre recomendações e determinações emitidas pelo TCU ao longo do tempo. A princípio, verifica-se que não há um rigor específico no tratamento relativo ao tipo de decisão que será emitida pelo Tribunal. O RITCU até estabelece que, ao emitir recomendações, a providência se volta para a melhoria do desempenho, enquanto as determinações se voltam para a correção de ilegalidade. Contudo, em termos práticos, os efeitos da deliberação do órgão de controle (seja na forma de sugestão ou de ordem) serão potencialmente os mesmos em relação à ANP.

Os dados comprovam que, independentemente de a decisão se apresentar sob a forma de recomendação ou de determinação ela é cumprida pela ANP de forma indistinta, ou seja, a agência a recebe como um comando (Figuras 2 a 7).

Pela terceira e última investigação, conclui-se que as características do TCU não guardam tanta similaridade com aquelas desempenhadas pelas superagências no cenário internacional, pois apesar de haver equivalência, em certa medida, no exercício da função de supervisão, há controvérsia quanto à atribuição do TCU de fiscalizar as agências reguladoras. Por outro lado, considerando as características típicas das superagências, especialmente em matéria de formação e aprimoramento de pessoal e de organização administrativa, sua posição centralizada e de vinculação ao Poder Executivo, bem como a possibilidade de constituição das superagências sob a forma de comissões ou comitês parlamentares, entende-se que há um descasamento com o papel desempenhado pelo Tribunal de Contas, sobretudo, diante da autonomia que lhe é constitucionalmente conferida.

Ainda que a Corte de Contas não se caracterize propriamente com uma superagência na indústria do petróleo, em termos de controle de performance da atividade regulatória da ANP, o exame dos acórdãos relacionados com as auditorias operacionais demonstra que a fiscalização exercida pelo TCU comporta comandos corretivos. Tais decisões despertam curiosidade, pois, conquanto a terminologia empregada pelo Tribunal nos acórdãos seja no sentido de "recomendar", "indicar", "apontar" e "aconselhar", a decisão é recebida pela ANP como um comando, pois a agência obedece à "orientação" do órgão de controle sem qualquer ressalva, como foi demonstrado pelas informações constantes dos Relatórios de Gestão da ANP (Figuras 3 a 8).

Assim, diante da demonstração de interferência das decisões do TCU nas escolhas regulatórias da ANP, com base na análise dos casos concretos envolvendo o controle sobre os processos de desestatização de E&P (fiscalização sobre as minutas de edital e contrato) e sobre os relatórios de auditoria operacional (controle sobre a *performance* da atuação administrativa da ANP), seria possível utilizar o diagnóstico oriundo da pesquisa realizada em relação à ANP para concluir que, na indústria do petróleo, a agência tem se subordinado aos comandos do TCU, ainda que o órgão de controle questione decisões de caráter tecnicamente complexos de atribuição da ANP (ou seja, suas escolhas regulatórias). Sob essa ótica, a pesquisa apresenta indícios de que o Tribunal de Contas, nos moldes do que ocorre na esfera de regulação de infraestrutura, poderia estar assumindo no setor de petróleo e gás natural o *status* de uma instituição de caráter metarregulador, ou seja, propensa a "regular" o regulador.

Referências

ACKERMAN, Bruce. **A Nova Separação de Poderes**. Trad. Isabelle Maria Campos Vasconcelos e Eliana Valadares Santos. Rio de Janeiro: Lumen Juris, 2009.

ARAGÃO, Alexandre Santos de. As Concessões e Autorizações Petrolíferas e o Poder Normativo da ANP, in **Revista de Direito Administrativo – RDA**, Rio de Janeiro. vol. 228, p. 243-272, abr/jun, 2002.

—. O controle da constitucionalidade pelo Supremo Tribunal Federal à luz da Teoria dos Poderes Neutrais, **Revista da Procuradoria Geral do Estado**, v. 57, 2003, p. 32. Disponível em: https://pge.rj.gov.br/revista-de-direito/2003-volume-57. Acesso em: 05.11.2019.

—. **Agências reguladoras e a evolução do direito administrativo econômico.** 2ª ed. Rio de Janeiro: Forense, 2006.

—. **Curso de Direito Administrativo**. Rio de Janeiro: Forense, 2012.

ARGUELHES, Diego Werneck; LEAL, Fernando. Pragmatismo como [Meta]Teoria da Decisão Judicial: Caracterização, Estratégias e Implicações. In Daniel Sarmento; Alvaro Ricardo de Souza Cruz (Orgs.). **Filosofia e Teoria Constitucional Contemporânea**. Rio de Janeiro: Lumen Juris, p. 171-211, 2009.

—. O argumento das "capacidades institucionais" entre a banalidade, a redundância e o absurdo. **Direito, Estado e Sociedade**. n.38, p. 6 a 50, jan/jun. 2011.

BALDWIN, Robert; CAVE, Martin; LODGE, Martin. Introduction & Fundamentals. In: **Understanding Regulation. Theory, Strategy, and Practice**. 2a ed. Oxford: Oxford University Press, 2012.

BARROSO, Luís Roberto. **Curso de Direito Constitucional Contemporâneo: os Conceitos Fundamentais e a Construção do Novo Modelo**. São Paulo: Saraiva, 2009.

—. Discricionariedade administrativa, realização adequada dos fins legais e observância dos princípios constitucionais. Direito subjetivo à prorrogação de contrato de concessão para exploração de gás e petróleo (Pareceres). **Temas de Direito Constitucional, Tomo II**, Rio de Janeiro: Renovar, 2003.

—. Agências Reguladoras. Constituição, Transformações do Estado e legitimidade democrática. **Temas de Direito Constitucional, Tomo II**, Rio de Janeiro: Renovar, 2003.

BINENBOJM, Gustavo. **Uma teoria do Direito Administrativo: direitos fundamentais, democracia e constitucionalização**. Rio de Janeiro: Renovar, 2006.

BRASIL. Lei 2004/1953, 03 de outubro de 1953. Dispõe sobre a Política Nacional do Petróleo e define as atribuições do Conselho Nacional do Petróleo, institui a Sociedade por ações Petróleo Brasileiro Sociedade Anônima, e dá outras providências. Brasília, 1953. Disponível em: https://presrepublica.jusbrasil.com.br/legislacao/109500/lei-2004-53. Acesso em: 10.12.2019.

BRASIL. Lei 8443/1992, 16 de julho de 1992. Dispõe sobre a Lei Orgânica do Tribunal de Contas da União e dá outras providências. Brasília, 1992. Disponível em: http://www.planalto.gov.br/ccivil_03/leis/L8443.htm. Acesso em: 10.12.2019.

BRASIL. Lei 9478/1997, 06 de agosto de 1997. Dispõe sobre a política energética nacional, as atividades relativas ao monopólio do petróleo, institui o Conselho Nacional de Política Energética e a Agência Nacional do Petróleo e dá outras providências. Brasília, 1997. Disponível em: http://www.planalto.gov.br/ccivil_03/LEIS/L9478.htm. Acesso em: 10.12.2019.

BRASIL. Lei 9491/1997, 09 de setembro de 1997. Altera procedimentos relativos ao Programa Nacional de Desestatização, revoga a Lei n° 8.031, de 12 de abril de 1990, e dá outras providências. Brasília, 1997. Disponível em: http://www.planalto.gov.br/ccivil_03/leis/l9491.htm. Acesso em: 10.12.2019.

BRASIL. IN 27/1998 TCU, 02 de dezembro de 1998. Dispõe sobre a fiscalização pelo Tribunal de Contas da União dos processos de desestatização.

BRASIL. Lei 12276/2010, 02 de agosto de 2010. Autoriza a União a ceder onerosamente à Petróleo Brasileiro S.A. - PETROBRAS o exercício das atividades de pesquisa e lavra de petróleo, de gás natural e de outros hidrocarbonetos fluidos de que trata o inciso I do art. 177 da Constituição Federal, e dá outras providências. Brasília, 2010. Disponível em: http://www.planalto.gov.br/ccivil_03/_ato2007-2010/2010/lei/l12276.htm. Acesso em: 10.12.2019.

BRASIL. Lei 12304/2010, 02 de agosto de 2010. Autoriza o Poder Executivo a criar a empresa pública denominada Empresa Brasileira de Administração de Petróleo e Gás Natural S.A. - Pré-Sal Petróleo S.A. (PPSA) e dá outras providências.

Brasília, 2010. Disponível em: http://www.planalto.gov.br/ccivil_03/_Ato2007-2010/2010/Lei/L12304.htm. Acesso em: 10.12.2019.

BRASIL. Lei 12351/2010, 22 de dezembro de 2010. Dispõe sobre a exploração e a produção de petróleo, de gás natural e de outros hidrocarbonetos fluidos, sob o regime de partilha de produção, em áreas do pré-sal e em áreas estratégicas; cria o Fundo Social – FS e dispõe sobre sua estrutura e fontes de recursos; altera dispositivos da Lei no 9.478, de 6 de agosto de 1997; e dá outras providências. Brasília, 2010. Disponível em: http://www.planalto.gov.br/ccivil_03/_Ato2007-2010/2010/Lei/L12351.htm. Acesso em: 10.12.2019.

BRASIL. Lei 13655/2018, 25 de abril de 2018. Inclui no Decreto-Lei nº 4.657, de 4 de setembro de 1942 (Lei de Introdução às Normas do Direito Brasileiro), disposições sobre segurança jurídica e eficiência na criação e na aplicação do direito público. Brasília, 2018. Disponível em: http://www.planalto.gov.br/ccivil_03/_Ato2015-2018/2018/Lei/L13655.htm. Acesso em: 10.12.2019.

BRASIL. IN 81/2018 TCU, 20 de junho de 1998. Dispõe sobre a fiscalização dos processos de desestatização.

CAMPANA, Priscilla de Souza Pestana. **O controle pelo medo: fragilidades e desafios do sistema de controle da Administração Pública.** Dissertação apresentada, como requisito parcial para obtenção do título de Mestre, ao Programa de Pós-Graduação em Direito da Universidade do Estado do Rio de Janeiro. 2018.

CAMPBELL, Donald T. The Connecticut Crackdown on Speeding: Time-Series Data in Quasi-Experimental Analysis. **Law and Society Review**, vol. 3, nº1, 1968.

CANARIS, Claus-Wilhelm. **Pensamento Sistemático e Conceito de Sistema na Ciência do Direito**. Lisboa: Fundação Calouste Gulbenkian. Trad. A. Menezes Cordeiro. 2ªed., 1996.

CAROLAN, Eoin. The Problems with the Theory of the Separation of Powers. The University College Dublin (UCD) – School of Law, 2009. Disponível em SSRN: http://ssrn.com/abstract=1889304 . Acesso em: 02.11.2019.

CASSESE, Sabino. **La globalización jurídica**. Madri: Marcial Pons, 2006.

CYRINO, André Rodrigues. **Direito Constitucional Regulatório – elementos para uma interpretação constitucionalmente adequada da Constituição econômica brasileira**. Rio de Janeiro: Renovar, 2010.

—. **Delegações Legislativas, Regulamentos e Administração Pública**. Belo Horizonte: Fórum, 2018.

COGLIANESE, Cary. **Achieving Regulatory Excellence**. Washington D.C.: Brookings Institution Press, 2017.

—; MENDELSON, Evan. Meta-Regulation and Self-Regulation. In BALDWIN, Robert; CAVE, Martin; LODGE, Martin. **The Oxford Handbook of Regulation.** Oxford: Oxford University Press, 2013.

CUNHA. Luiz Filippe Esteves. **Saímos do nirvana? A operacionalização do argumento das capacidades institucionais no STF.** Trabalho de Conclusão de Curso apresentado na FGV Direito Rio para obtenção de grau de bacharel em Direito. 2017.

FAGUNDES, Seabra. Reformas essenciais ao aperfeiçoamento das instituições políticas brasileiras. **Revista de Direito Administrativo**. Edição Comemorativa 2014. Rio de Janeiro, p. 87-109, dez. 2013.

FERNANDES, Jorge Ulisses Jacoby. **Tribunais de Contas do Brasil: jurisdição e competência**. 2ªed. Belo Horizonte: Fórum, 2005.

FURTADO, Lucas Rocha. **Curso de Direito Administrativo**. Belo Horizonte: Editora Fórum, 2013.

GADINIS, Stavros, The Politics of Competition in International Financial Regulation. **Harvard International Law Journal**, Vol. 49, No. 2, 2008.

GOERTZ, Gary. Social Science Concepts: A User's Guide. **Princeton University Press**, 2005.

GLADWELL, Malcolm. **Blink: a decisão num piscar de olhos**. Rio de Janeiro: Sextante, Trad. Nivaldo Montingelli Jr., 2016.

GRUPO PÚBLICO DA FGV DIREITO SP/SBDP. **Observatório do TCU: julgamentos de março e abril de 2018**. São Paulo, SP, 2018. Disponível em: https://direitosp.fgv.br/grupos/grupo-publico. Acesso em: 10.01.2018.

GUERRA, Sergio. **Discricionariedade, Regulação e Reflexidade: uma nova teoria sobre as escolhas administrativas**. 4ªed. Belo Horizonte: Fórum, 2017.

—. Aperfeiçoando a Regulação brasileira por agências: quais lições podem ser extraídas do sesquicentenário modelo norte-americano? **Teoria do Estado Regulador**. (Sergio Guerra – Coord.) Curitiba: Juruá, p.13-106, 2015.

Heinzerling, Lisa, Statutory Interpretation in the Era of Oira. **Fordham Urban Law Journal**, Symposium Issue, Forthcoming; Georgetown Public Law Research Paper No. 899025. Disponível em SSRN: https://ssrn.com/abstract=899025. Acesso em: 13.06.2018.

JORDÃO, Eduardo. **Controle judicial de uma administração pública complexa: a experiência estrangeira na adaptação da intensidade do controle**. São Paulo: Malheiros, 2016.

—. A intervenção do TCU sobre editais de licitação não publicados: controlador ou administrador? **Revista Brasileira de Direito Público – RBDP**, Belo Horizonte, ano 12, n. 47, p. 209-230, out./dez. 2014.

KAHNEMAN, Daniel. **Rápido e devagar: duas formas de pensar**. Tradução: Cassio de Arantes Leite. 1ª ed. Rio de Janeiro: Objetiva, 2012.

KING, Jeff A., Institutional Approaches to Judicial Restraint. **Oxford Journal of Legal Studies**, vol. 28, nº 3, pp. 409–441, 2008.

KRELL, Andreas J. **Discricionariedade administrativa e conceitos legais indeterminados: limites do controle judicial no âmbito dos interesses difusos.** 2ªed., rev., atual e ampl. Porto Alegre: Livraria do Advogado Editora, 2013.

LEAL, Fernando. Consequencialismo, racionalidade e decisão jurídica: o que a teoria da decisão e a teoria dos jogos podem oferecer? **Direito e economia: diálogos**. Coordenação: Armando Castelar Pinheiro, Antonio J. Maristrello Porto, Patricia Regina Pinheiro Sampaio. Rio de Janeiro: FGV Editora, 2019.

—. Inclinações pragmáticas no Direito Administrativo: nova agenda, novos problemas. **Transformações do direito administrativo: consequencialismo e estratégias regulatórias.** LEAL, Fernando Angelo Ribeiro; MENDONÇA. José Vicente Santos de (Orgs). Rio de Janeiro: Escola de Direito do Rio de Janeiro da Fundação Getulio Vargas, 2018.

LEITÃO, Rômulo Guilherme; GOUVEIA, Alessandro Samartin de. Escolha regulatória, controle judicial e a nova LINDB. **Revista de Direito Administrativo**, Rio de Janeiro, v. 278, n. 2, p. 97-130, set. 2019. ISSN 2238-5177. Disponível em: http://bibliotecadigital.fgv.br/ojs/index.php/rda/article/view/80051/76585. Acesso em: 16.09. 2019. DOI:http://dx.doi.org/10.12660/rda.v278.2019.80051.

LIMA, Juliana Cardoso de; RIBEIRO, Marilda Rosado de Sá. Unitização e desafios. **Revista Brasileira de Petróleo, Gás e Energia**, Rio de Janeiro, v.3, p. 12-27, 2012. ISSN 2317-5583. Disponível em: https://www.e-publicacoes.uerj.br/index.php/rbdp/issue/view/450. Acesso em: 16.08.2020. DOI:https://doi.org/10.12957/rbdp.2012.5783.

MARQUES NETO, Floriano de Azevedo. Os grandes desafios do controle da Administração Pública. **Fórum de Contratação e Gestão Pública – FCGP**, Biblioteca Digital Fórum de Direito Público. Belo Horizonte, ano 9, nº100, p.7-30, abr.2010. Disponível em: https://www.editoraforum.com.br/wp-content/uploads/2016/10/desafios-controle.pdf. Acesso em: 09.08.2019.

—; PALMA, Juliana Bonacorsi de. Os sete impasses do controle da Administração Pública no Brasil. In: PEREZ, Marcos Augusto; SOUZA, Rodrigo Pagani de (Coord.). **Controle da administração pública.** Belo Horizonte: Fórum, 2017.

— et al. Reputação institucional e o controle das Agências Reguladoras pelo TCU. **Revista de Direito Administrativo**, Rio de Janeiro, v. 278, n. 2, p. 37-70, set. 2019. ISSN 2238-5177. Disponível em: http://bibliotecadigital.fgv.br/ojs/index.php/rda/article/view/80048. Acesso em: 12.11.2019. DOI:http://dx.doi.org/10.12660/rda.v278.2019.80048.

MARTINS, Daniela Couto. **A regulação da indústria do petróleo segundo o modelo constitucional brasileiro.** Belo Horizonte: Fórum, 2006

MEDAUAR, Odete. **Controle da Administração Pública.** 3ªed. São Paulo: Editora Revista dos Tribunais, 2014.

—. **Direito Administrativo Moderno.** 18ª ed. São Paulo: Editora Revista dos Tribunais, 2014.

—. **O Direito Administrativo em Evolução.** 2ªed. São Paulo: Editora Revista dos Tribunais, 2003.

MENDONÇA, José Vicente Santos de. A propósito do controle feito pelos Tribunais de Contas sobre as agências reguladoras – em busca de alguns standards possíveis. **Revista de Direito Público da Economia – RDPE**, Belo Horizonte, ano 10, n. 38, p. 147-164, abr./jun. 2012.

—. Dois futuros e meio para o projeto de lei do Carlos Ari. **Transformações do direito administrativo: consequencialismo e estratégias regulatórias.** LEAL, Fernando Angelo Ribeiro; MENDONÇA. José Vicente Santos de (Orgs). Rio de Janeiro: Escola de Direito do Rio de Janeiro da Fundação Getulio Vargas, 2018.

MIRANDA, Jorge. **Formas e Sistemas de Governo.** Rio de Janeiro: Forense, 2007.

MONIZ, Ana Raquel Gonçalves. A crise e a regulação: o futuro da regulação administrativa. In. **A crise e o direito público: VI Encontro de Professores portugueses de Direito Público.** Pedro Gonçalves e Carla Amado Gomes (Coord.). Edição de Instituto de Ciências Jurídico Políticas, Outubro de 2013.

MONTEIRO, Vera; ROSILHO, André. Agências Reguladoras e o controle da regulação pelo Tribunal de Contas da União. In PEREIRA NETO, Caio Mario da Silva e PINHEIRO, Luís Felipe Valerim (orgs). **Direito da Infraestrutura.** v. 2, São Paulo: Saraiva, 2017.

MOREIRA, Egon. Crescimento econômico, discricionariedade e o princípio da deferência. **Revista eletrônica sobre a Reforma do Estado (RERE).** 2016. Disponível em: http://www.direitodoestado.com.br/colunistas/egon-bockmann-

-moreira/crescimento-economicodiscricionariedade-e-o-principio-da-deferencia . Acesso em: 22.06.2018.

MOREIRA NETO, Diogo de Figueiredo. **Mutações do Direito Público**. Rio de Janeiro: Renovar. 2006.

—. **Direito Regulatório**. Rio de Janeiro: Renovar. 2003.

—. Discricionariedade administrativa das autoridades reguladoras e aplicação das normas punitivas. **Revista de Direito Administrativo**, v.254, p. 95-108, maio/agosto, 2010.

—. **Poder, Direito e Estado. O Direito Administrativo em tempos de globalização**. Belo Horizonte: Fórum, 2011.

NAGATA, Bruno Mitsuo. A limitação da discricionariedade em matéria orçamentária pelos princípios da legalidade, legitimidade e economicidade. In: CONTI, José Maurício e SCAFF, Fernando Facury (coords). **Orçamentos Públicos e Direito Financeiro**. São Paulo: Revista dos Tribunais, 2011.

NORTH, Douglas C. **Instituições, Mudança Institucional e Desempenho Econômico.** Tradução Alexandre Morales. São Paulo: Três Estrelas. 2018.

OCDE. **Oversight Bodies for Regulatory Reform**. Tunis: OCDE, 2007. Disponível em: http://www.oecd.org/mena/governance/38403668.pdf. Acesso em: 27.06.2018.

OLIVEIRA, Anderson Marcio de. **Intervenção regulatória do TCU: avaliação empírica nos processos de concessão da ANTT, ANTAQ e ANAC**. Dissertação para obtenção do título de Mestre no Programa de Mestrado em Direito da Regulação da Escola de Direito do Rio de Janeiro da Fundação Getulio Vargas. 2017.

ORBACH, Barak, What Is Regulation? (September 7, 2012). 30 Yale Journal on Regulation Online 1 (2012); Arizona Legal Studies Discussion Paper No. 12-27. Disponível em: SSRN: https://ssrn.com/abstract=2143385. Acesso em: 28.10.2019.

PARKER, Christine; BRAITHWAIT, John. Conclusion. In C. Parker, C. Scott, N. Lacey, Braithwait, J (eds.), Regulating Law, New York: Oxford University Press, 2004, p. 269-289. Disponível em: http://www.anu.edu.au/fellows/jbraithwaite/documents/Chapters/RegLaw_Conclusion_2004. Acesso em: 29.08.2020.

POSNER, Richard A., Reply: The Institutional Dimension of Statutory and Constitutional Interpretation, **Michigan Law Review,** v. 101, p. 952-971. 2003.

—. The Bell Journal of Economics and Management Science, Vol. 5, n. 2, 1974, pp. 335-358. Disponível em: https://www.jstor.org/stable/3003113. Acesso em: 21.03.2018.

PROSSER, Tony. Two Visions of Regulation. University College. Dublin. 2010. Disponível em: http://regulation.upf.edu/dublin-10-papers/1H1.pdf. Acesso em: 29.10.2019.

RESNIK, Michael D. **Choices. An Introduction to Decision Theory**. Minneapolis: University of Minnesota Press, 2006.

RIBEIRO, Leonardo Coelho. Presunções do Ato Administrativo, Capacidades Institucionais e Deferência Judicial a priori: um mesmo rosto, atrás de um novo véu? **Revista de Direito Administrativo Contemporâneo**, v. 22, jan-fev. 2016.

ROSILHO, André. **Tribunal de Contas da União – Competências, Jurisdição e Instrumentos de Controle**. São Paulo: Quartier Latin, 2019.

SAMPAIO. Patrícia. Regulação da atividade de petróleo e gás natural no Brasil. In **Regulação no Brasil: uma visão multidisciplinar**. (Org.) Sergio Guerra. Rio de Janeiro: Editora FGV, 2014.

SCHUARTZ, Luis Fernando. Consequencialismo jurídico, racionalidade prática e malandragem. **Revista de Direito Administrativo**, Rio de Janeiro, v. 248, p. 130-158, mai. 2008. ISSN 2238-5177. Disponível em: http://bibliotecadigital.fgv.br/ojs/index.php/rda/article/view/41531. Acesso em: 05.04.2019. DOI:http://dx.doi.org/10.12660/rda.v248.2008.41531.

SILVA, José Afonso. **Curso de Direito Constitucional Positivo**. São Paulo: Malheiros, 2001.

SOUSA *et al.*, Alfredo José de. **O Novo Tribunal de Contas: órgão protetor dos direitos fundamentais.** 3ª ed. Belo Horizonte: Fórum. 2005.

SOUZA NETO *et al.*, Claudio Pereira de. **Teoria da Constituição. Estudos sobre o lugar da Política no Direito Constitucional.** Rio de Janeiro: Lumen Juris, 2003.

STIGLER, George J. The Theory of Economic Regulation. **The Bell Journal of Economics and Management Science**, Vol. 2, n. 1, 1971, pp. 3-21. Disponível em: http://www.jstor.org/stable/3003160. Acesso em: 21.03.2018.

SUNDFELD, Carlos Ari. **Direito Administrativo para Céticos**. São Paulo: Malheiros, 2012.

SUNDFELD, Carlos Ari; CAMARA, Jacintho Arruda. Controle das Contratações Públicas pelos Tribunais de Contas. **RDA – Revista de Direito Administrativo.** Rio de Janeiro, v. 257, p. 111-44, maio/ago. 2011.

—. O Tribunal de Contas da União e a regulação. In: FIGUEIREDO, Marcelo (Coord). **Novos rumos para o direito público: reflexões em homenagem à Professora Lúcia Valle de Figueiredo**. Belo Horizonte: Fórum, p. 59-68, 2012.

—. Competências de controle dos Tribunais de Contas – possibilidades e limites. In: SUNDFELD, Carlos Ari (Org). **Contratações públicas e seu controle.** São Paulo: Malheiros, 2013.

SUSTEIN, Cass R. Must formalism be defended empirically? **The University of Chicago Law Review**, Vol. 66, No. 3, pp. 636-670, Summer, 1999.

—; ULMANN-MARGALIT, Edna. Second Order Decisions. John M. Olin Law & Economics Working Paper. **University of Chicago Law School**, n. 57, 1998. Disponível em: https://chicagounbound.uchicago.edu/cgi/viewcontent.cgi?article=1437&context=law_and_economics. Acesso em: 31.10.2019.

—; VERMEULE, Adrian. Interpretation and Institutions. **The University of Chicago Law & Economics**, J.M. Olin Working Paper, N. 156, 2002; University of Chicago Public Law Theory Working Paper n. 28. Disponível em: http://ssrn.com/abstract_id=320245. Acesso em: 24.12.2018.

TÁCITO, Caio. Gás. Monopólio. Concessão. **Revista Trimestral de Direito Público**. São Paulo: Malheiros, vol. 7, 1994.

TÁRSIA, Cristiana Muraro. **A atuação do Tribunal de Contas da União sobre as atividades fim das agências reguladoras federais.** Dissertação de mestrado. Universidade Cândido Mendes. 2012.

TORRES, Ricardo Lobo. **Tratado de Direito Constitucional Financeiro e Tributário. O Orçamento na Constituição.** 3ª ed. Rio de Janeiro: Renovar, 2008.

WILLEMAN, Mariana Montebello. **Accountability democrática e o desenho institucional dos Tribunais de Contas no Brasil**. 2ªed. Belo Horizonte: Fórum, 2020.

ACÓRDÃOS DO TRIBUNAL DE CONTAS DA UNIÃO:

BRASIL. Tribunal de Contas da União. **Acórdão 351/99.**

BRASIL. Tribunal de Contas da União. **Acórdão 493/1999.**

BRASIL. Tribunal de Contas da União. **Acórdão 981/2000.**

BRASIL. Tribunal de Contas da União. **Acórdão 417/2001.**

BRASIL. Tribunal de Contas da União. **Acórdão 1052/2001.**

BRASIL. Tribunal de Contas da União. **Acórdão 232/2002.**

BRASIL. Tribunal de Contas da União. **Acórdão 585/2002.**

BRASIL. Tribunal de Contas da União. **Acórdão 68/2003.**

BRASIL. Tribunal de Contas da União. **Acórdão 498/2003.**

BRASIL. Tribunal de Contas da União. **Acórdão 520/2004.**

BRASIL. Tribunal de Contas da União. **Acórdão 707/2005.**

BRASIL. Tribunal de Contas da União. **Acórdão 771/2007.**

BRASIL. Tribunal de Contas da União. **Acórdão 1158/2007.**

BRASIL. Tribunal de Contas da União. **Acórdão 2249/2007.**

BRASIL. Tribunal de Contas da União. **Acórdão 1283/2008.**

BRASIL. Tribunal de Contas da União. **Acórdão 1671/2010.**

BRASIL. Tribunal de Contas da União. **Acórdão 2317/2010.**

BRASIL. Tribunal de Contas da União. **Acórdão 2261/2011.**

BRASIL. Tribunal de Contas da União. **Acórdão 2815/2012.**

BRASIL. Tribunal de Contas da União. **Acórdão 657/2013.**

BRASIL. Tribunal de Contas da União. **Acórdão 1454/2013.**

BRASIL. Tribunal de Contas da União. **Acórdão 2237/2013.**

BRASIL. Tribunal de Contas da União. **Acórdão 2273/2013.**

BRASIL. Tribunal de Contas da União. **Acórdão 2643/2013.**

BRASIL. Tribunal de Contas da União. **Acórdão 2736/2013.**

BRASIL. Tribunal de Contas da União. **Acórdão 3253/2013.**

BRASIL. Tribunal de Contas da União. **Acórdão 3639/2013.**

BRASIL. Tribunal de Contas da União. **Acórdão 240/2015.**

BRASIL. Tribunal de Contas da União. **Acórdão 615/2015.**

BRASIL. Tribunal de Contas da União. **Acórdão 1281/2015.**

BRASIL. Tribunal de Contas da União. **Acórdão 3348/2015.**

BRASIL. Tribunal de Contas da União. **Acórdão 2063/2015.**

BRASIL. Tribunal de Contas da União. **Acórdão 2525/2015.**

BRASIL. Tribunal de Contas da União. **Acórdão 353/2016.**

BRASIL. Tribunal de Contas da União. **Acórdão 1409/2016.**

BRASIL. Tribunal de Contas da União. **Acórdão 1942/2016.**

BRASIL. Tribunal de Contas da União. **Acórdão 3072/2016.**

BRASIL. Tribunal de Contas da União. **Acórdão 3169/2016.**

BRASIL. Tribunal de Contas da União. **Acórdão 672/2018.**

BRASIL. Tribunal de Contas da União. **Acórdão 1388/2018.**

BRASIL. Tribunal de Contas da União. **Acórdão 1389/2018.**

BRASIL. Tribunal de Contas da União. **Acórdão 816/2018.**

BRASIL. Tribunal de Contas da União. **Acórdão 1761/2018.**

BRASIL. Tribunal de Contas da União. **Acórdão 2199/2018.**

BRASIL. Tribunal de Contas da União. **Acórdão 169/2019.**